JN064425

実践的 消費者読本 第6版

Support Your Life

圓山茂夫　編著

発行　民事法研究会

はしがき

　本書『実践的消費者読本』は、大学、短期大学等における「消費生活論」など、消費者問題の教科書として編まれました。20歳前後の若者を主な読者に想定していますが、消費者教育に携わる教員の方々の参考としても、消費生活アドバイザーまたは消費生活相談員の資格試験を受験する方々の学習の入口としても役立つものとなった、と考えます。

　本書の初版は、1999年（平成11年）に、林郁先生の編集により発刊されました。幸い好評が得られ、それ以後、2012年（平成24年）の第5版まで改訂が続きました。2020年（令和2年）、途中から編者に加わっていた圓山に編集を引き継ぎ、執筆者を交代して項目を全面的に見直し、白紙から文章を書き下ろす大改訂を行い、この第6版を刊行することとなりました。

　本書には、初版から変わらない執筆者の思いがあります。読者のみなさんには、「よりよく生きるための知識や技術を学ぶ」ことに加えて「よき市民としてよりよい社会を築く」ために、本書を読み、あるいは本書を用いた講義を受けて、考え、話し合い、「たとえ小さな一歩でもよいから行動のきっかけにしてほしい」と願っています。

　さて、初版と第6版を見比べると、この二十数年間で消費生活が大きく変わったことを感じます。

　私たちがインターネットやスマートフォンの情報を信じて消費を決めるようになったこと。

　規制緩和が進み、金融商品、代金決済、サービスの分野を初めとして新しい商品が出回ったこと。

　夏の暑さや、台風、豪雨、大雪などが猛威をふるい、地球温暖化の弊害が実感されるようになったこと。

　従来の消費者団体に加えて、差止め請求権を持つ適格消費者団体が発足し、事業者に働きかける活動が活発になったこと。

　国の消費者行政では消費者庁と消費者委員会が設置され、国民生活センターと合わせて3つの機関が活動するようになったこと。

　消費者教育推進法が立法され、消費者市民の育成を含む消費者教育が体系的に実施されるようになったこと。

　第6版は、このような消費生活の変化に伴った、最新のテキストとして世に送り出します。

　出版にあたり、第6版にもご助言をいただいた林郁先生、今回の改訂を決断された民事法研究会の代表取締役の田口信義さん、編集部の大槻剛裕さんに心から感謝を申し上げます。

　なお、各項目の図表等で他の文献から引用したものは出典を示しました。出典のないものは執筆者が作図、作表したものです。

2021年1月

編著者　圓 山 茂 夫
共著者　穴井美穂子　井 上 博 子　川口美智子
　　　　白﨑夕起子　松 原 由 加　丸山千賀子

第Ⅶ部　消費者と流通

第Ⅷ部　消費者とサービス

第IX部　消費者と環境問題

凡　例

家電リサイクル法	特定家庭用機器再商品化法
グリーン購入法	国等による環境物品等の調達の推進等に関する法律
建設リサイクル法	建設工事に係る資材の再資源化等に関する法律
小型家電リサイクル法	使用済小型電子機器等の再資源化の促進に関する法律
資源有効利用促進法	資源の有効な利用の促進に関する法律
自動車リサイクル法	使用済自動車の再資源化等に関する法律
食品リサイクル法	食品循環資源の再生利用等の促進に関する法律
食品ロス削減推進法	食品ロスの削減の推進に関する法律
廃棄物処理法	廃棄物の処理及び清掃に関する法律
容器包装リサイクル法	容器包装に係る分別収集及び再商品化の促進等に関する法律
SNS	ソーシャル・ネットワーキング・サービス
HP	ホームページ

① 消費者問題とは何か

● 消費者問題にはどのようなものがあるのでしょうか？
● 消費者被害にあわないために、消費者にとって大切なことは何でしょうか？

消費のはじまり

物や時間などを使ってなくしてしまうことを「消費する」といいます。原始時代に木の実や魚をとったり、狩猟をしたりしていた時代は、自分で生産したものを自分で消費する生活を送っていたため、「消費」と「生産」は区別されていなかったでしょうが、農業社会が発展し、自ら作った作物のうち、余ったものを他人と交換するようになった頃から徐々に分離していきます。たとえば、イギリスの中世社会では、農民は自分たちで作った生産物のうち、余った分を市場に持ち込んで、パン、肉、皮革、布等の生活必需品と交換していました。

しかし、このような方法では、交換する相手や品物が限られてしまいます。そこで、品物と品物の交換よりもスムーズにできるよう貨幣が誕生しました。その後、分業や技術の進歩により、生産システム・交通網が発展して、生産物が遠くまで運ばれ、見知らぬ人が生産したものを消費者として購入するようになりました。このようにして生産者と消費者の間に距離が生じ、「生産」と「消費」は分離していきました。

消費者と消費者問題

日本では、1950年代半ばの近代化が急速に進んだ頃から消費者問題が注目され始めました。科学技術が高度に発展し、製品も複雑になって消費者と事業者の間に情報等の格差が生じてきました。

また、複雑な販売方法・支払手段が広まって、内容をよく理解しないまま不平等な契約をする、不必要なものを購入するなど、さまざまな消費者被害が発生するようになりました。このような状況は消費者個人では解決できないため、消費者問題は、政策（行政）や消費者運動（消費者団体）によって解決しなければならない社会問題として認識されるようになりました。

消費者問題の範囲は広く、中核にあたる部分と周辺の部分に分けて考えることができます。中核部分は、お金を払うなどの経済行為により手に入れた商品やサービスを、利用・消費することにかかわる問題です。周辺部分は、このように直接商品・サービスや取引に関係しないが、生活や消費者被害にかかわってくる問題です。以下、それぞれについてみていきましょう。

中核にあたる部分は、商品の品質、食品の安全に関する問題*1や、製品事故の問題*2、偽ブランドの取引などが例としてあげられます（次頁の表は、最近の主な消費者相談内容と消費者トラブルをまとめたものです）。

次に、消費者問題の周辺領域ですが、環境問題など取引に直接関係しないことであっても消費者被害に関連するものは消費者問題に含まれます。たとえば、大気や海、土壌の汚染は、それ自体は商品・サービスなどの取引にかかわりませんが、汚染された海でとれた魚や土地で栽培された野菜を消費する場合には、消費の問題になります。また、消費者の選択を通して社会に与える影響も消費者問題にかかわってきます。たとえば、燃費のよい自動車や、廃棄物量の少ない商品、リサイクルできる商品をつくるのは事業者ですが、それを選択するのは消費者です。このように、それ自体は取引とはいえなくても、

最近注目される消費者問題

最近の主な消費生活相談と消費者トラブル	内容と傾向
①架空請求	・架空請求に関する相談は、減少傾向にあるものの、SMS（ショートメッセージサービス）等による架空請求には引き続き注意が必要
②消費税率引上げ	・消費税率引上げに伴い、「軽減税率制度」などの様々な対策や毎月継続的に支払が発生するようなサービスの価格変化に関する相談が増加
③災　害	・自然災害に関する相談（台風により損壊・浸水した住宅などに関係する相談や台風に便乗した悪質商法）が増加
④インターネットや情報通信	・SNS や定期購入に関する相談が増加 ・「チケット転売」高収入をうたう副業や投資「情報商材」に関する相談が増加
⑤マルチ商法	・健康食品や化粧品のほか、ファンド型投資商品や副業などのサービスのマルチ商法に関する相談が増加

（消費者庁『消費者白書　令和 2 年版』39頁～49頁を参考に作成）

そこから派生する問題が消費者にかかわる場合は広く消費者問題ととらえられます。

＊1　食中毒や農薬、食品偽装や賞味期限の改ざんなど。
＊2　テレビやエアコンなど家電の発火やエレベーターの誤作動（エレベーターが扉を開いた状態のまま突然急上昇し、高校生が床部分とエレベーター入り口の天井に挟まれ死亡するという事故が起きている）、車のタイヤが外れるなどの事故があげられる。

消費者被害発生の原因

(1) 消費者・事業者間の格差

事業者は取り扱う商品やサービスについて専門的な知識をもち、その業務に専念できますが、消費者は日々の生活の中でさまざまな商品やサービスを利用するため、すべてに十分な知識をもって意思決定をすることは難しいです。このように事業者と消費者の情報には質的にも量的にも格差があるため、消費者が不利益を受ける主な原因になっています。

情報以外にも、消費者と事業者の間には交渉の能力、経済力などの格差があります。そのため、消費者被害は消費者個人では回避することが難しいのです。

(2) 社会における消費者の位置づけ

日本では、明治政府以来、産業を優先する政策がとられてきたため、消費者の権利や生活よりも事業者を中心に社会のしくみが作られてきました。国の経済成長を最優先した経済政策に

おいては、消費者は買い手としてその購買力が重視されてきました。このような考え方は、他の先進諸国に比べてわが国の消費者保護制度が遅れる原因となり、製品事故や**食品表示**の偽装などによる消費者被害を深刻にしてきました。

(3) 消費者の弱さ

事業者は、原料の値段が上がっても製品の値段を上げれば不利益を消費者に負担させることができますが、消費者は生活のために必要なら値上がり分を受け入れて購入するしかありません。また、金銭的な損失だけでなく、欠陥品を購入すると、使用する際に事故を起こしたりケガをしたりといった身体的な被害が発生します。このように、消費者は生存するために消費をやめることができないという弱い面があるのです。

(4) その他

その他の事業者側の問題としては、商品の構造的な問題やたまたまその商品にだけ欠陥があったという商品自体の問題のほか、使用方法や管理方法の情報が不十分、危険についての情報不足など情報の問題のほか、使い方が間違っていた、認識不足などの消費者側の問題も考えられます。事業者がしっかりと情報提供をすることに加え、消費者も自覚や責任をもって自分の生活を守っていかなければならない時代になってきています。

2 消費者問題の歴史を知る

● 消費者問題は、時代とともにどのように移り変わってきたのでしょうか？

戦後〜1960年代――経済の復興から大量生産・大量消費の時代

第二次世界大戦が終わり、日本国民は生活物資の不足や不良品、ヤミ物資に苦しめられました。米、味噌、醤油、塩、砂糖、マッチなどの生活必需品は、配給切符とお金を持っていって一定の物資を購入する「配給制度」によって調達しました。その時代は、消費者問題という概念を意識する余裕はありませんでしたが、「生活必需品が確保できない」、「手に入った品は粗悪品」という現実に対し、配給米の遅配・欠配の改善を求める運動やマッチの不良品を追放する運動が起こっています。

戦後10年が過ぎ、1950年代半ば以降になると経済が復興し、**大量生産・大量消費**の時代になります。次々と新製品が販売されるとともに生活様式も変化しました。消費者の広告・宣伝への関心が高まり、必要でないものや価格に見合わないものまで購入して被害を受けるようになりました。

大量に生産された商品によって同種の被害が広範囲にわたって発生するという現代的な消費者問題の特徴が現れ始めたのはこの頃です。1955年には、**森永ヒ素ミルク中毒事件**が起こり、

西日本を中心に多数の乳幼児に被害が発生しました。また、1960年代には、**サリドマイド事件**、**カネミ油症事件**（ゆしょう）といった食品や医薬品を原因とする健康被害が発生して、社会問題となりました。このほか、物価の上昇や、**水俣病**（みなまた）、**四日市ぜんそく**に代表される**公害問題**（環境汚染問題）など、高度経済成長のひずみが生じてきました。1960年には**ニセ牛缶事件**（ぎゅうかん）が起こり、この事件をきっかけに、1962年に**不当景品類及び不当表示防止法**（景品表示法）が制定されました。

1965年には**経済企画庁**に**国民生活局**が設置され、兵庫県で全国初となる**消費生活センター**が開設されました。1968年には、**消費者保護基本法**が公布され、消費者行政が整備されました。

1970年代――安全・品質から販売方法・契約の問題にも広がる消費者トラブル

1970年代は、物質的に豊かになっていく一方、1960年代の高度成長政策のゆがみが加速し、国民生活に被害が及んできた時代です。大衆消費社会を背景とした製品の安全性の問題がさらに大きくなりました。また、**連鎖販売取引**（マルチ商法）や**無限連鎖講**（ネズミ講）や催眠商法、

1960年代の主な事件の概要

主な事件	概　　要
森永ヒ素ミルク中毒事件	森永乳業が製造した乳児用粉ミルクの安定剤にヒ素が含まれていたため、西日本を中心に被害者が出た人災的ヒ素中毒事件
サリドマイド事件	睡眠薬であるサリドマイドによって手足の発達に関する障がいをもった奇形児が生まれた薬害事件
カネミ油症事件	カネミ倉庫製の米ぬか油を食べた人に皮膚障害や内臓疾患などがあらわれ、西日本一帯の1万4000人が健康被害にあった事件
ニセ牛缶事件	牛の絵のついた缶で牛肉大和煮として売られていた商品の中身が、牛肉ではなく鯨肉や馬肉であることがわかった事件

訪問販売などによる新しいタイプの消費者問題が発生し、消費者トラブルは商品の品質・性能および安全性に関するものから、商品の販売方法や契約に関するものへと広がっていきました。

このような状況に対応するため、法整備が進みました。1972年に改正された**割賦販売法**において**クーリング・オフ制度**（→70頁）が創設され、1976年に訪問販売等に関する法律（訪問販売法）においても導入されました。1978年には無限連鎖講の防止に関する法律（**ネズミ講禁止法**）が公布されました。この時代には、被害者の集団や消費者団体が、カネミ訴訟、スモン訴訟、**主婦連ジュース訴訟**、**灯油訴訟**など訴訟を活用して被害の救済や消費者政策の強化を求めるようになりました。

1973年に、中東戦争が再燃して石油関連商品を中心に価格が急騰し、第一次**石油ショック**が起こりました。トイレットペーパー、灯油、合成洗剤などの生活必需品を消費者が買いだめて品不足になり、さらに値上がりするという悪循環を引き起こしました。物不足・価格高騰は全国に広がり、灯油の値上げに対しては、灯油値上げカルテルに対する訴えがなされました。

この時代は、インフレ、物価上昇も頂点に達したため、物価の安定が重要な課題となりました。1978年の第二次石油ショック以降、景気が後退して国家財政にも影響が及んだため、消費者行政は停滞するようになりました。

高度経済成長期には、大量生産・広域流通、大量販売、労働力や原材料費の削減のために、加工食品や農畜産物などにさまざまな**食品添加物**や農薬、化学肥料、飼料添加物、抗生物質といった化学物質が使われるようになりましたが、1970年代になると、こうした食品汚染物質の発がん性などの毒性などが専門家によって指摘されました。また、過剰包装や合成洗剤、ポリ塩化ビフェニール（PCB）の汚染問題など環境への関心の高まりから、**コンシューマリズム**（消費者が自らの権利や利益を確立し擁護しようとする社会運動）が台頭し、消費者運動は高揚しました。

1980年代──規制緩和とバブル経済の時代・詐欺的な商法の広がり

1980年代に入ると、情報化、サービス化、国際化等が進み、消費者を取り巻く環境は大きく変化しました。1970年代後半から英米をはじめ多くの国々で政策課題とされてきた規制緩和の必要性がわが国でも主張され始めました。貿易摩擦問題がいっそう拡大したことから、海外の規制の基準に合わせるために規制緩和が次々となされました。このような情勢の下で、食品添加物規制緩和反対運動など消費者は運動を強化しましたが、行政は国際協調を重視し、1960年～1970年代のような成果は得られなくなりました。

1980年代後半には景気が回復する一方で貿易黒字はますます増加し、規制緩和や国際基準に合わせていくための動きが本格的に進みました。

投資や出資を誘う詐欺的な商法で多数の消費者が大金を失う事件が頻発したこともこの時期の特徴です。中でも、1985年に起こった**豊田商事事件**＊はその被害者数の多さ、被害総額の大きさから戦後最大の悪質商法といわれました。ほかにも、**サラリーマン金融問題、霊感商法、**ネズミ講といった消費者問題が噴出し、深刻な社会問題となりました。このような状況において、個々の消費者の判断・行動が問われることになり、**消費者教育**の重要性が認識されるようになりました。

＊ 金の地金を販売し、実際には預かり証だけ渡すという現物まがい商法で、高齢者に多数の被害者が出た詐欺事件。

1990年代──情報ネットワークの進展・地球環境問題

1990年代前半は、バブル経済といわれた超好

景気の中で始まり、1980年代後半から取り組まれるようになった規制緩和が本格的に進められた時代でした。諸物価は上昇し、特に株式や不動産を中心にした資産は価値が高騰しました。

バブル景気は、1989年末に株価がピーク（日経平均株価 3 万8957円）となった後、年が明けた1990年には下がり始め、 8 月の湾岸戦争をきっかけとして10月にはほぼ半値にまで下落して崩壊が始まりました。バブル経済崩壊による不況を背景に、**電話勧誘販売**や**催眠商法**、マルチ・マルチまがい商法が増加しました。また、クレジットカードの取引やキャッシングなどにより多重債務に陥る消費者が増加しました。特に、20歳代の相談者が最も多かったため、若年層の消費者教育が課題となりました。

経済・社会面では、長引く不況の中で1997年には、大手金融機関の経営破綻が相次ぎ、多重債務問題はますます深刻化しました。また、1990年代後半から、家庭にパソコンが普及し始めたことから、インターネット利用者が急増し、これによる通信販売トラブル、個人情報やプライバシーに係る問題などが新しい消費者問題として問題となってきました。こうした消費者被害は比較的少額の紛争であることから、裁判に係る消費者の経済的負担を抑え、迅速に効果的な解決を図ることを目的として、1996年に**少額訴訟手続**が創設されました。

1990年代後半は、食品の安全への関心が高まりました。1996年には、**遺伝子組換え農産物**の安全性が認められ、大豆、菜種、ジャガイモなどが輸入され始めたため、1997年には、消費者団体をはじめ一般消費者も遺伝子組み換え農産物に関する表示を求めました。

食の安全のほかに、ダイオキシン汚染、シックハウス症候群、**環境ホルモン**の問題など、化学物質による健康被害の不安が高まったのもこの時期の特徴です。特に、**環境問題**は地球規模の問題となり、生産・消費・廃棄の観点から消費者問題として重視されるようになりました。

かつて環境問題といえば、公害が深刻な問題であり、その多くは限られた地域の環境汚染でした。その後、政府は法律を策定して規制を行い、これらの公害に対処したため、現在ではこのような公害はほとんどみられなくなりました。これに代わって問題視されるようになってきたのは、酸性雨による森林被害、フロンガスによるオゾン層の破壊、二酸化炭素による**地球の温暖化**といった地球全体にかかわる自然環境汚染です。世界的にも地球温暖化、酸性雨等の地球環境問題は人類共通の課題と位置づけられ、「持続可能な開発」という理念が広く認知されるようになりました。1997年、京都で開かれた国際会議で、先進国に温室効果ガスの削減を求める京都議定書が採択されました。

1995年には、阪神・淡路大震災が起こり、多くの人がボランティアとして災害地域で活躍しました。

2000年代──食の安全問題、消費者の自立支援政策と自己責任

2000年代は、1990年代から続く不況の影響を受け、消費や雇用が悪化した時代です。2007年のサブプライムローン問題から2008年に**リーマンショック**が起こり、世界中に大きな影響を及ぼしました。日本も大不況に陥り、経済の回復が遅れました。

消費者問題はさまざまな分野において発生しました。製品事故の重大なものには、マンションやホテルの**耐震偽装問題**、パロマ工業製のガス湯沸かし器による一酸化炭素中毒死亡事故、シュレッダーでの幼児の指切断事故などがあります。また、食品問題に関しては、**食品偽装事件**、**中国産冷凍ギョウザ**による中毒事故など、暮らしの安全・安心が揺らぐような事件が相次いで発生しました。これらの消費者問題に対応するため、福田康夫首相の提唱により2009年に

は消費者庁と消費者委員会が設置されました。

　法制度の整備に関しては、規制緩和により事業者に対する**事前規制**は**事後救済**へと移行するようになりました。この改革により、事業者の新たな市場参入が容易になって多様な商品・サービスの提供が行われ、取引の範囲が急速に広がりました。消費者の選択の幅も広がることから、消費者には自己責任が求められるようになりました。環境問題に関しては、2000年に循環型社会形成推進基本法が制定されたほか、2005年に**京都議定書**が発効しました。2004年には**消費者保護基本法**が改正され、**消費者基本法**として**消費者の権利**が明文化されました。

2010年代〜現在──消費者問題の多様化

　2010年代は、2000年代からの経済不安が続く中で2011年に**東日本大震災**が発生したため、日本経済は大きな打撃を受けました。経済はますます後退するとともに、震災に便乗した悪質商法が続発しました。さらに震災の影響により、福島の原子力発電所で事故が発生し、放射性物質に対する不安、特に食品に関する影響が広がりました。輸出産業のみならず、外国人観光客が減少することにより観光産業なども打撃を受けて日本経済は停滞した状態が続きました。2012年には、この経済情勢を立て直すため、安倍晋三首相が経済政策「アベノミクス」を表明し、この政策により株価や経済成長率、企業業績、雇用等多くの経済指標が改善しました。

　食品の安全性に関しては、2011年に生食用牛肉で集団食中毒が発生しました。製品に関しては、消費生活用製品安全法施行令の改正で、使い捨てライターを規制対象製品に追加するなど、子どもの事故の予防に向けた取組みが進みました。また、マンション販売・住宅リフォームなど住まいに関する悪質勧誘が増加したほか、2015年には分譲マンションの基礎杭（くい）データ改ざんが発覚しました。2016年には、自動車メーカーの燃費データに不正が発覚し、日本が誇ってきたものづくりに対する消費者の不信感が強まりました。

　経済・社会に関しては、投資、未公開株・社債さらに外国通貨取引に関するトラブルが急増しました。電子商取引が拡大する一方、インターネット取引において、クレジットカードの決済代行にかかわるトラブルが増加しました。また、2011年には**和牛預託商法**最大手の畜産会社である安愚楽牧場（あぐら）が経営破綻する事件が起こりました。

　2020年には**新型コロナウイルス感染症**（COVID-19）の影響で、行動自粛や学校教育におけるオンライン対応、在宅勤務の普及など、世界中で生活が一変しました。コロナ禍に便乗した悪質商法や特殊詐欺のほか、イベントや旅行のキャンセルなど、さまざまな消費者問題が発生しました。

2000年代の主な食品偽装の事例

食品偽装の事例	概　要
牛肉偽装	国の BSE 対策の国産牛肉買い取り事業を悪用し、雪印食品や日本ハムなど複数の食肉卸売業者が輸入牛肉を国産牛肉と偽って国に買い取りを要請し、補助金を詐取した事件（2001年）
虚偽表示	ミートホープによる豚肉・鶏肉等の混入した挽肉（ひき）を牛肉100%と表示して販売。産地偽装、賞味期限の改ざんなども行われていた（2007年）
賞味期限・消費期限偽装	石屋製菓による「白い恋人」の賞味期限偽装（2007年） 赤福による「赤福餅」の消費期限偽装（2007年） 船場吉兆（きっちょう）による産地偽装や賞味期限偽装。食べ残しの再提供など他の問題も発覚（2007年）

3　消費者運動を考えよう

● 消費者運動の源流とされる身近な組織はどこでしょうか？

● 消費者運動は地域ごとに特徴がありますか？

世界の消費者運動の流れ

　消費者運動の流れは多様な視点から整理することができますが、ここでは、「生活協同組合型消費者運動」、「情報提供型消費者運動」、「告発型消費者運動」という分類でみていきます。

(1)　生活協同組合型消費者運動

　世界で最初の消費者運動とされるのは、1844年にイギリスのランカシャー工業地帯の織物労働者によって設立されたロッチデール公正開拓者組合[*1]による労働運動だといわれています。それまで労働運動の主な目的は賃金アップにありましたが、収入が増えても適正な値段で良質なものを購入できなければ、生活は安定しないことから、労働者たちは消費の面から改善する必要があると気づき、生活用品の共同購入を考え出しました。

　労働者による生活協同組合型消費者運動は、その後ヨーロッパを中心に広がりました。特にスウェーデンの消費生活協同組合の組織は大きいといわれています。

　現在、協同組合の世界的な同盟組織は、国際協同組合同盟[*2]です。1895年に設立され、世界中で約300万とされる協同組合の代表機関で、約 2 億9000万人（世界の雇用人口の約10％）を雇用しています[*3]。

[*1]　ロッチデール公正先駆者組合、またはロッチデール先駆者協同組合などと訳されることもある。

[*2]　International Co-operative Alliance　略称 ICA

[*3]　ICA ウェブサイト https://www.ica.coop/en/cooperatives/facts-and-figures

(2)　情報提供型消費者運動

　情報提供型消費者運動は、1920年代のアメリカで起こりました。当時のアメリカは、工業の標準化・規格化によって生産性が向上し、自動車関連産業、建築産業、家庭用電化製品等を中心として消費が大きく拡大しました。このような大量生産・大量消費の時代において、消費者の立場で商品テストを行い、情報を提供し、消費者がよりよいものを選択する行動を支援するために情報提供型消費者運動が起こりました。

　この時代の代表的な商品テスト団体であるアメリカ消費者同盟（現在は**コンシューマー・レポート**に名称変更）[*4]は、1936年にニューヨークで誕生しました。初代会長は、世界の消費者運動に多大な影響を与えたコルストン・E.ウォーン博士です。商品テスト誌「コンシューマー・レポート」は、消費者に商品テストの概念を広め、客観的で公正な商品情報を与える基礎となって、欧米を中心とした海外へも広まりました。

　このように、情報提供型消費者運動は、消費

消費者運動の流れと主な運動の類型

	生活協同組合型	情報提供型	告発型
発生時期	1840年代	1920年代	1960年代
発生場所	イギリス	アメリカ	アメリカ
時代背景	資本主義形成期 労働者階級の窮乏	大量生産・大量消費時代 誇大広告・悪質な販売 商品テストのはじまり	大衆消費社会の進展 コンシューマリズムの台頭 消費者被害の多発

者の情報不足によって誤った商品を選択することを避けるため、消費者自身で情報を収集し、提供しようとする運動でした。この運動の目的は、消費者が被害を受けることを防ぎ、消費行動を通して商品や企業を改善していくところにあります。

＊4　Consumers Union　略称 CU

(3)　告発型消費者運動

告発型消費者運動は、大衆消費社会がさらに進展したアメリカにおいて起こった消費者の権利を主張する運動です。1960年代のアメリカは、コンシューマリズムが定着しつつある一方で、欠陥商品や有害食品などによる多くの消費者被害が発生しました。生産者に比べて消費者の力が弱かったこの時代に、当時若い弁護士だったラルフ・ネーダーが現れました。ネーダーの最初のターゲットは大衆消費社会の象徴である自動車でした。1965年に『どんなスピードでも自動車は危険だ』を出版し、ゼネラルモーターズ製の乗用車の欠陥を指摘しました。この本は全米でベストセラーとなり、対象となった自動車は製造中止に追い込まれました＊5。

ネーダーは、交通事故の責任について車の買い手だけでなく、売り手にも負担させることを強く要求しました。また、自動車のみならず、他の製造物や40以上の政府機関も対象にして問題があるものは告発、法律による規制の要求などもしました＊6。このように、告発型消費者運動は、企業の社会的責任を問うものとして世界に広がっていきました。

＊5　ラルフ・ネーダー著（河本英三訳）『どんなスピードでも自動車は危険だ』（ダイヤモンド社、1969年）。
＊6　リチャード・L.D.モース編（小野信夸監訳）『The consumer movement アメリカ消費者運動の50年──コルストン・E.ウォーン博士の講義──』（批評社、1996年）227頁。

日本の消費者運動

(1)　日本の消費者運動のはじまり

日本では、大正時代には欧米の影響を受けて生活協同組合運動が発展しつつありましたが、1931年の満州事変に始まった戦争への流れの中で実質的に活動は停止し、1945年の終戦により復活しました。この時期は、米よこせ風呂敷デモ（1945年）にみられる生活物資の確保や、牛肉不買運動（1948年）にみられる物価の安定をめざした運動、不良マッチ退治（1948年）に代表されるような不良商品の摘発が主な活動でした。

不良マッチ退治主婦大会は初めての大衆運動として開催されたものです。当時、配給制であったマッチが10本に5本くらいしか火がつかない粗悪品であったことから、主婦たちは不良マッチを会場に持ち寄って優良マッチと取り替えさせました。これがきっかけとなってマッチの配給制度は廃止され、この運動が後に主婦連合会の結成へと発展しました。

この時代の消費者運動を支えたのは、婦人団体と、生活協同組合に加入する組合員でした。これらは主として主婦によるものであり、おしゃもじ形のプラカードを持ってデモ行進したことから、「おしゃもじ運動」と称されています。

(2)　消費者運動の高揚と低迷

1968年に消費者保護基本法が制定され、消費者行政が定着してきた頃、行政が働きかけて作られたものを含め、地域の消費者団体・グループが作られました。たとえば、1961年に財団法人として設立された日本消費者協会は、アメリカ消費者同盟のような消費者団体を日本にも作ろうということで、高度成長期の直前に通商産業省（現経済産業省）が後押しをして作られたものです（2013年に一般財団法人へ移行）。

高度経済成長時代には、食品汚染、生活環境の悪化、公害、危険な商品の氾濫などの背景が

あり、1970年代初頭に消費者運動は盛り上がりをみせました。消費者運動と消費者政策とのかかわりが注目される主婦連ジュース訴訟（1971年）と、灯油訴訟（1974年）が起きたのもこの時期です。これらの判決は、結果的に消費者が敗訴し、日本の法制度に消費者の権利が十分に根づいていないことを消費者団体とその関係者に痛感させました。そしてそれ以降、消費者団体訴権の実現に向けた運動の原動力となっていきました。

一方で女性が就業するようになり、運動にかかわる人が減ったことなどから、婦人団体の会員数が減少に転じました。消費者運動に変化がみられるのは、トラブル発生後に消費者を救うルールである製造物責任法や消費者契約法の制定へ向けた運動が起こる時代です。

従来、消費者被害にあった消費者個人が訴訟を起こすことができても、消費者団体には事業者や行政機関に対して訴訟を起こす権利（団体訴権）が認められていませんでした。この時代に消費者契約法において団体訴訟制度が検討され始めたことから、訴権団体としての消費者団体が政策的に注目され、弁護士をはじめとする法律家が中心となって、消費者団体を形成する適格消費者団体が登場しました。

⑶　適格消費者団体と特定適格消費者団体

適格消費者団体とは、消費者の利益擁護を目的として差止請求権を行使するために必要な適格性を有することが内閣総理大臣に認められた法人です。2006年に消費者契約法が改正され、**消費者団体訴訟制度**が導入された後、2007年に特定非営利活動法人消費者機構日本と特定非営利活動法人消費者支援機構関西をはじめとする４団体が登録されました＊8。

適格消費者団体の中から新たな認定要件を満たす団体として内閣総理大臣の認定を受けた法人を特定適格消費者団体といいます＊9。**特定適格消費者団体**は、消費者の代わりに被害金を

取り戻す訴えを起こすことができます。適格消費者団体と特定適格消費者団体は、消費者被害の未然防止や被害回復といった、本来は国家や地方自治体がなすべき仕事を代わって行っているという見方もあり、財政支援を求める声が高まっています。

＊8　2020年12月現在で全国に21団体。
＊9　2020年12月現在で全国に３団体。

⑷　日本の消費者団体の現状

日本の消費者団体は、戦後から1970年代にかけて消費者運動が高揚した頃に活躍したメンバーがボランティアでかかわってきました。日本の消費者団体は、政府から助成金を受けるしくみが整っておらず、企業からも財政支援を受けていない団体が多いため、基本的に無償のボランティアで成り立っており、財政的基盤は厳しいものです。

世界の消費者運動

⑴　ヨーロッパの消費者運動

ヨーロッパにはさまざまな背景をもつたくさんの国があります。フランス、ドイツ、イギリスといった消費者運動の先進的な国については、消費者団体は政策の一端を担う存在として政策形成においてさまざまな役割を期待されています。これらの政府は消費者を保護することが経済政策の一環であると考えているため、消費者を代表する組織である消費者団体の活動を支援し、協力を得るのです。また、商品テストをもとにした情報誌を販売し、それを活動資金としている団体が中心になっていることも特徴です。そのような団体では雑誌の購読者が団体の会員となっています。しかし、最近はインターネットの普及によってお金を支払わなくても多くの情報が得られるため、雑誌の購読者が減り、ヨーロッパの団体の会員数が減少する傾向にあります。

⑵ アメリカの消費者運動

アメリカには、世界最大の消費者団体であるコンシューマー・レポートがあります。そのほかに、アメリカで最も古い歴史がある全米消費者連盟[10]、ラルフ・ネーダーが設立し、専門家集団による告発型消費者運動スタイルで政治改革を重視するパブリック・シティズン[11]、これらの団体の大部分を会員とする連合団体であるアメリカ消費者連合[12]といった代表的な消費者団体があります。このほかにも自動車分野や高齢者施設分野などの専門分野で活動する消費者団体や消費者関連専門団体など多くの団体・組織が存在します。アメリカは州によって法律が違うため、アメリカ合衆国全体としての消費者政策や消費者運動の特徴をまとめることは容易ではありませんが、このように、多種多様な消費者団体が存在し、運動を展開しているのがアメリカの特徴であるといえます。

*10 National Consumers League　略称 NCL.
*11 Public Citizen.
*12 Consumer Federation of America　略称 CFA.

⑶ アジア・オセアニア諸国の消費者運動

アジア諸国には、最近になって急速に経済発展してきている国が多いので、消費者団体も欧米とは違う形態で発展しつつあります。社会・文化的背景によってそれぞれ多様な展開になっています。

アジア・オセアニア諸国における、主要な消費者団体として、東南アジアの消費者団体の草分け的存在であるペナン消費者協会[13]をあげることができます。

また、オーストラリア最大の消費者団体は、雑誌「CHOICE」で有名なオーストラリア消費者協会[14]です。アメリカのコンシューマー・レポートやフランス、イギリスの団体などに続いて1959年に設立されました。商品テストと雑誌の販売が主要な活動となっています。オーストラリア消費者協会のように典型的な雑誌販売型の消費者団体モデルがある一方で、オーストラリアには、近年、政府と連携する消費者団体も重要な役割を果たしています[15]。

*13 Consumer's Association of Penan　略称 CAP.
*14 Australian-Consumers Association
　　略称 CHOICE.
*15 丸山千賀子「世界の消費者運動から日本の課題を考える」シノドスウェブサイト（2018年）。

⑷ 国際消費者機構[16]

国際消費者機構は、120カ国において240を超える加盟団体を率いる国際組織です。1960年にオランダのハーグにおいて、アメリカ消費者同盟（前出）[4]、イギリス消費者協会[17]、オランダ消費者協会[18]、ベルギー消費者協会[19]、オーストラリア消費者協会の5団体によって設立されました。設立当初は、欧米諸国中心の商品テストをするための調査機関で、その調査の結果を報告する情報センターでしたが、発展途上国の消費者問題にも関心をもち始め、活動地域を広げていきました。その後、圧力団体としての性質が強くなり、消費者の利益を守るための活動に力を入れるようになりました。1980年に「消費者の8つの権利」を、1987年には「消費者の5つの責任」を提唱しています。日本では、全国消費者団体連絡会、日本消費者連盟などの4団体・組織が加盟しています。

*16 Consumers International　略称 CI、1995年に設立時の名称である IOCU（International Organization of Consumers Unions）を CI に変更。
*17 Consumers' Association（現 Which?）.
*18 Consumentenbond.
*19 Association des Consommateurs.

4　消費者政策とは何か

● 現在の消費者政策はどの時代が基礎になっているでしょうか？
● 消費者政策は誰が中心となって推進していけばよいでしょうか？

消費者政策とは

　消費者基本法 2 条（基本理念）に「消費者の利益の擁護及び増進に関する総合的な施策」（以下「消費者政策」）という文言があります。事業者は消費者より商品や契約に関する専門的な情報をたくさんもっており、情報力、経済力、交渉力等さまざまな面において格差があります。このような現状を踏まえて、消費者の利益を守るための政策が消費者政策です。消費者政策を遂行するのは政府に限られたものではなく、事業者や非政府組織（消費者団体や消費者問題にかかわる NPO など）もかかわってきます。あらゆるステークホルダーと連携しながら消費者政策は運営されるというのが最近の考え方です*。

　*　コラム　ステークホルダーとは（→19頁）参照。

消費者政策の変遷

(1)　消費者政策の変遷

　1960年代に政府が本格的に消費者保護の取組みを始めた頃には、産業の健全な発展・育成を図ることが重視されており、消費者の保護は、産業第一の考え方のもとで行われていました。ところが、規制緩和により外国の企業や製品が国内に流入してきたことや、商品や販売方法が多様化・複雑化してきたこと、少子高齢化社会に移行してきたことなど、日本の経済を取り巻く環境が大きく変化したことにより、従来の消費者保護や行政中心の規制等では対応できなくなってきました。こうして、新たに21世紀型の消費者政策に転換する必要が生じました。新しい消費者政策は、以下の(2)～(4)の経緯をたどり、前の時代の手法を引き継ぎ、拡充されながら現在に至っています。

(2)　行政中心の時代

　1960年代から始まった行政中心の時代には、行政が事業者の活動や参入等に対して事前に規制して消費者に被害が及ばないようにすることが基本で、問題が起こった場合は、消費生活センターなどで相談に応じていました。これは1980年代まで続き、法の網の目をくぐった悪質商法に対して行政規制をするという形で法律が急増しました。この頃の行政手法は、行政規制が法律間に重複や隙間をつくってしまういわゆる「縦割り行政の弊害」といわれるような問題が指摘されていました。

　この時代に制定された消費者保護のための法律には、**食品衛生法**（1947年）[1]、**割賦販売法**（1961年）、家庭用品品質表示法（1962年）、不当景品類及び不当表示防止法（1962年）、消費者保護基本法（1968年）、消費生活用製品安全法（1973年）などがあります。また、表示分野としては、家庭用品品質表示法における表示義務が始まりました。

　この時代においては、消費者政策とは消費者行政のことであったため、「消費者行政」という言葉しかなく、「消費者政策」という用語を政府が使うようになるのは2000年代以降になります。

　[1]　食品衛生法における食品添加物の規制、消費生活用製品安全法における特定製品の安全基準が始まった。

(3)　民事ルールの時代

　1990年代になると、日本は豊かな社会となる中で商品やサービスが多様化し、外国企業の日

本市場への参入要求が高まるにつれて事業者に対する規制緩和が必要となりました。その一方で、食中毒や薬害、欠陥商品などの製品の安全にかかわる被害や、訪問販売や金融商品など取引にかかわる被害に対して、民事ルールの基本となる民法だけでは消費者を十分に救済できなくなりました。そこで、消費者が自分で権利を行使して利益を守っていくような民事ルールのしくみが整備されることになりました。消費者保護のための重要な法律には、製造物責任法（→65頁）、消費者契約法（→67頁）があげられます。

⑷ 市場の力を活用する時代

2000年代には、消費者と事業者を対立関係ととらえるのではなく、市場の力を使って双方が得をする消費者政策をめざすようになりました。

1960年から始まった行政規制の場合、消費者を守るために事業者を事前あるいは事後に規制します。また1990年代の民事ルールでは、基本的に事業者と消費者のどちらかが勝ち、どちらかが負けるという結論が導かれる前提で規則がつくられています。しかし、多数の消費者と多数の事業者が取引をしている市場においては、全体を見た場合、事業者と消費者がともに結果的に得をすることも考えられます。たとえば、悪い事業者を淘汰すれば、よい事業者が残って健全な事業により利益を上げることができます。他方、消費者は信用のできる事業者と安心して取引をすることができるようになります。このように市場の力（市場原理）を活用し、さまざまな主体が連携しながら消費者政策を進めていく時代になってきています。

消費者庁の創設

グローバル化・複雑化した社会においては、消費者問題は省庁をまたがって発生しており、これまでのような縦割り行政では、ガス瞬間湯沸器による一酸化炭素中毒事件やこんにゃく入りゼリーによる窒息事故への対応など、適切に対処できない問題が発生していました。加えて、食の安全・安心に関して消費者の信頼を揺るがす事件（雪印乳業食中毒事件、食品偽装問題等）や、高齢者を狙った悪質商法による消費者被害等も相次いで発生していました。日本において行政のあり方が転換を迫られている時期でもあり、2009年には、消費者行政の司令塔として機能する**消費者庁**が創設されることになりました。

消費者政策の推進体制

消費者政策を担う行政機関には、消費者庁を司令塔として、**消費者委員会**、各府省庁、**国民生活センター**、地方公共団体の**消費生活センター**等があります。

消費者委員会は、消費者庁とともに2009年に発足しました。独立した第三者機関として、各種の消費者問題について自ら調査・審議を行い、内閣総理大臣や関係各大臣等に対して建議や調査・審議等を行います。

国民生活センターは、1970年に設立され、2003年より独立行政法人となった組織です。国や全国の消費生活センター等と連携し、消費生活に関する情報の収集・提供、苦情相談等の中核的な機関としての役割を担っています。

地方公共団体の消費者行政には、①消費生活に関する相談窓口（消費生活センター等）、②消費者行政担当部署があげられます。

消費生活センターは、1964年に相談窓口を設置した兵庫県が、1965年に消費者が買い物のついでに相談できるようにとショッピング街に「神戸生活科学センター」を開設したのがはじまりです。これ以降、全国の地方公共団体で同様の組織を設置するようになりました。消費者安全法では、都道府県に消費生活センターの設置を義務づけており、市町村にも設置の努力を求めています。

5　企業と消費者とのかかわり

● 企業は消費者政策とどのようにかかわってくるのでしょうか？

● 企業が SDGs に取り組む意義は何でしょうか？

消費者政策における企業

　最近の消費者政策では「消費者志向経営の推進」が重要な課題の１つにあげられています。**消費者志向経営**とは、企業が社会の一員として、消費者の権利・利益を尊重し、社会的責任を果たして持続可能な社会に貢献する経営をいい、**サステナブル経営**ともいわれています。社会的に有用で安全な商品・サービスを開発・提供し、消費者・顧客の満足と信頼を得ることは、消費者のためだけでなく、事業活動の継続にとっても必要なことです。十分な消費者対応がなされることで、消費者・顧客の満足や信頼が高まれば、安心して消費活動が行われ、消費者と事業者による健全な市場の実現が期待されます。これらのことから、企業活動は消費者政策と深く関係しているといえます。

　消費者基本法５条（事業者の責務等）において企業が供給する商品およびサービス等に対する責任とともに、**自主行動基準**の作成が求められています。これは、企業が商品やサービスに関して環境の保全に配慮し、品質等を向上させるために、自らが遵守すべき基準を作成するものです。

消費者志向経営とは

　1980年代後半から始まったバブル経済とその崩壊の時期から総会屋事件や建設業の談合をはじめさまざまな企業不祥事が発覚し、1990年代に入って「**企業の社会的責任**」（CSR）の認識が広まりました。2000年以降にも製品事故や食品偽装、不正会計、検査データ改ざんなどの**企業不祥事**が相次いで起こる中、消費者志向経営の概念は、経営領域のみならず政策においても注目されていましたが、その実践に関しては、大きな進展がみられませんでした。

　このような状況のもと、消費者志向経営の取組推進政策は2016年に消費者庁から発表されました。企業経営において消費者志向が意識されるようになった背景には、消費者基本法において消費者の権利が定められるなど、消費者政策において消費者がステークホルダーとして認識されるようになり、企業経営において消費者への配慮や消費者の意見を取り入れることの重要性が見直されてきたことがあげられます。また、2015年の国連サミットで「**持続可能な開発目標**」（Sustainable Development Goals　略称 **SDGs**）が採択されたことがこの方向性を明確なものにしました。そこで次に、企業と消費者の関係において重要な役割を果たす SDGs についてみていきましょう。

企業と SDGs

⑴　SDGs とは

コラム　CSR とは

　CSR（Corporate Social Responsibility）は、企業の責任を、単なる経済的責任や法令遵守（じゅんしゅ）という意味以上にとらえ、企業に対して利害関係のある株主、顧客、従業員、取引相手、地域住民といったステークホルダーにまで及ぶとする考え方です。CSR の考え方は、地域や国によってさまざまです。

2015年に国際連合の「持続可能な開発サミット」で「我々の世界を変革する：持続可能な開発のための2030アジェンダ」が採択され、その中で17の持続可能な開発目標が示されました。SDGs は2030年までの国際目標です。目標を達成することにより「誰一人取り残さない」社会の実現に向けて、途上国のみならず先進国も実施に取り組むことになっています。この目標は今後の政策や企業の経営にも影響を及ぼすとても重要な考え方です。

世界各国の SDGs 達成状況を評価する報告書「SDG Index & Dashboards」によると、日本は総合では上位にランクされていますが＊3、目標 5 「ジェンダー平等」、目標13「気候変動」、目標14「海洋資源」、目標15「陸上資源」、目標17「パートナーシップ」では 4 段階のうち最低評価となっています。目標12「つくる責任 使う責任」は、日本が消費者政策の課題としている「エシカル消費普及・啓発活動」、「食品ロス」、「消費者志向経営の推進」、「公益通報者保護制度」にかかわりますが、下から 2 番目に低い評価になっています。

政府は、企業や市民と一緒になって SDGs を推進しています。その理由としては、先進国としての責任、国内の社会課題への対応、国家の経済成長への貢献が考えられます。気候変動や環境汚染、男女の社会的不平等、青少年の失業などさまざまな課題には、三者が力を合わせて対応していかなければならないのです。

＊3　ベルテルスマン財団と持続可能な開発ソリューション・ネットワーク（SDSN）の報告書「SDG Index and Dashboards Report」によると、日本は、2020年は総合で17位。

⑵　企業はなぜ SDGs に取り組むのか

さまざまなグローバル企業がその達成への貢献を表明していますが、その理由については、「対応しないリスク」、「ビジネス機会の創出」、「ESG 投資」の 3 つの視点から考えることができます。それぞれについてみていきましょう。

Ⓐ　SDGs に対応しないリスク

SDGs は国際的にも国内的にも政策の方向性を反映したものですので、企業は SDGs へ経営戦略を適合させなければ、ステークホルダーの信頼を損ねる、行政による規制によって結果的に負担が大きくなるなどのリスクとなります。

Ⓑ　ビジネス機会の創出

SDGs をビジネス機会の創出ととらえる見方もできます。地球規模の課題解決に貢献可能な企業にとっては、クリーンエネルギーなどの最新の技術を活用した製品やサービスを用いて、大きな市場を開拓するチャンスがあります。

Ⓒ　ESG（Environment、Social、Governance）投資

SDGs が企業に求める取組みは、事業活動における多様なステークホルダーに配慮した統合的なものです。そのような配慮のない企業は、やがて国際的な競争力を失い、ステークホルダーから評価されなくなってしまいます。この影響を受けて、近年、投資の際に投資先の財務状況だけでなく、環境、社会、企業統治を考慮した ESG 投資が拡大し、主流化しつつあります。このように SDGs の取組みが広がり、ESG 投資が選ばれるようになってきているため、企業はそれに対応せざるを得なくなっているのです。

コラム　**ステークホルダーとは**

企業の事業の存続や発展に何らかの利害関係をもつもののことをいいます。具体的には、消費者、従業員、株主・投資家、地域社会、地球環境、取引先、競争企業、関係金融機関、業界団体、政府関係者、NGO・NPO などの企業を取り巻くさまざまな利害関係者を含みます。

6　消費者教育を進める

● 　消費者教育は誰が行うのですか？

● 　消費者教育の具体的な内容はどのうようなものでしょうか？

消費者教育の必要性

　昨今、政治・経済、文化などさまざまな分野で、地球規模のやりとりが行われ、消費者をめぐる環境は大きく変化しています。それに伴い、消費生活に関する社会問題は多様化・複雑化しています。私たち消費者を取り巻く問題は、悪質業者による消費者トラブルだけでなく、食の安全・安心に関する問題、情報や環境に関する問題、多重債務問題など多岐にわたっています。

　消費者トラブルにあわないために、消費者は生涯を通じて、家庭、学校、地域、職場などさまざまな場で消費者教育を受け、「生きる力」を身につけることが重要です。**消費者教育**は、消費生活に関する知識や技能を学び、学んだことを実際の生活に活かして、安心して安全で豊かな消費生活を実現するために必要です。

消費者教育に関連する法律の転換点

(1)　消費者保護基本法

　第 2 次世界大戦後の復興期を経て、高度経済成長期には大量生産・大量消費社会となりました。生活水準はよくなりましたが、その反面、欠陥商品や不当表示、薬害や公害などの問題が発生しました。1968年、**消費者保護基本法**が公布され、消費者の保護、すなわち消費者被害にあわないように未然に防止することに重点が置かれ、この法律では「**かしこい消費者**」がめざされました。

(2)　消費者基本法

　1980年代になると、経済活動がグローバル化し、それに伴い、経済的規制、社会的規制が緩和され、消費者の選択・行動責任の自覚が必要となりました。消費者を取り巻く社会情勢が大きく変化し、消費者の「保護」だけでなく、「自立支援」が求められるようになりました。2004年、消費者保護基本法を全面改正した**消費者基本法**が公布されました。消費者基本法では、「消費者教育を受ける権利」を含む「**消費者の権利の尊重及び消費者の自立の支援**」を基本理念としています。

(3)　消費者教育の推進に関する法律

　2012年、消費者教育を総合的・一体的に推進し、消費生活の安定および向上に寄与することを目的に消費者教育の推進に関する法律（**消費者教育推進法**）が公布されました。この法律では、消費者の自立支援のための消費生活に関する教育、消費者市民社会の形成に参画する消費者の育成をめざしています。

消費者教育の担い手

(1)　行政における消費者教育

　都道府県や市町村の**消費生活相談窓口**（消費生活センター）は、消費者からの相談や苦情を受け付け、問題の解決などにあたっています。2009年に設置された消費者庁は、全国の消費生活センター等に寄せられた相談などの情報を一元的に集約して、消費者に対する注意喚起（かんき）や新たな課題を解決するために必要な制度的枠組（わくぐ）みを構築しています。

　消費生活センター等においては、消費者トラブルの未然の防止や、暮らしに役立つ情報を伝えるためにリーフレットや冊子などを作成して情報提供したり、講座を開催したりするなどの

消費者教育も行っています。また、地域で被害にあいやすい消費者の見守り活動を行う担い手の養成や学校、企業において消費者教育を実施するように働きかけも行っています。

自治体は**消費者教育コーディネータ**を配置し、消費者教育を担う人材（消費生活相談員や専門家など）と、多様な関係者や場（教育委員会や学校現場、社会福祉協議会や老人クラブなど）をつなぐため、間に立って調整する役割を担うことにより、幅広い世代に向けた消費者教育の実現をめざしています。

⑵　学校における消費者教育

学校教育では、小・中・高等学校等を通じて、社会科、家庭科等を中心に、さまざまな教科を通じて横断的に関連づけて、消費者教育が行われています。18歳に成年年齢が引き下げられると、生徒は高校在学中に成年になり、責任ある立場で社会参加できるようになりますが、消費者トラブルに巻き込まれる可能性が高くなることが懸念され、学校における消費者教育は喫緊の課題といえます。

大学等においては、学生が社会に出る前の準備期間として、自立した消費者や生産・サービス提供者として学生を育てることや学生が消費者市民社会づくりに貢献できるように、積極的に消費者教育に取り組むことが求められています。

しかし、刻々と変化する消費者問題に対応する学校教育を行うには教員の指導力向上だけでは限界があり、また、消費者教育に十分な時間を確保することも難しいのが現状です。そこで、教員の消費者教育への意識改革、指導力向上のための教員研修の充実、外部の専門家と連携した消費者教育の実施、消費者教育コーディネータによる授業時間以外の時間を有効に活用するプログラムの提案などが求められています。

⑶　企業における消費者教育

企業は、企業活動や**社会的責任**（CSR。→18頁）[*1]をもとに消費者教育に取り組んでいます。企業活動の一環として、消費者に業務や商品・サービスに関する情報を提供し、商品選択の機会を確保できるようにしています。CSRとして、自治体の行う消費者教育事業の支援やセミナー・イベントの実施などを行っています。

他方で、企業の従業員も仕事から離れると消費者です。従業員に対して消費者教育を行うことも必要です。また、その企業にとっても、従業員が消費者教育を受けることにより**コンプライアンス**[*2]への意識が高まったり、消費者の視点をもち、消費者の安全・安心を確保することで消費者トラブルの減少につながったりすることが期待されています。

[*1]　事業活動を通じて、利益を追求するだけでなく、環境配慮や地域社会との共存・貢献など社会に対する責任を果たすこと
[*2]　法令遵守を意味し、企業がルールやモラル、社会的規範を守ること

⑷　家庭・地域における消費者教育

家庭は日常生活において、あらゆることを経験し学ぶことができ、すべての教育の出発点ともいえます。家庭でのしつけや対話を中心に、生活習慣の基礎、上手な買い物の仕方、商品の使い方を身につけていくことが大切です。地域や学校、職域と密接な関係をもちながら、幼児期から高齢期まですべてのライフステージで消費者教育を行うことが求められています。

消費者市民社会

消費者教育推進法では、**消費者市民社会**を、「消費者が、個々の消費者の特性及び消費生活の多様性を相互に尊重しつつ、自らの消費生活に関する行動が現在及び将来の世代にわたって内外の社会経済情勢及び地球環境に影響を及ぼし得るものであることを自覚して、公正かつ持続可能な社会の形成に積極的に参画する社会」と定義されています。簡単にいうと、私たち消費者が自分のことだけでなく、家族や友だち、

消費者市民としての行動と与える影響

行　動		与える影響
買い物をする	地元で作られたり、獲れたりしたもの（地産地消）を選ぶ	・地域経済の活性化につながる ・食料自給率の改善 ・伝統的食文化の維持、継承 ・輸送コストや排気ガス排出削限などにつながり、環境にやさしい
買い物をする	環境に配慮した商品を選ぶ	・資源の節約、ゴミの減少や自然の保全につながるなど、さまざまな環境問題の解決につながる
買い物をする	エコバッグを利用したり、過剰包装を断ったりする	・資源の節約、ゴミの減少や自然の保全につながるなど、さまざまな環境問題の解決につながる
買い物をする	被災地の生産品を購入する	・被災地の地域経済が活性化し、復興支援につながる
買い物をする	フェアトレード商品を選ぶ	・開発途上国の生産者や労働者の生活改善と自立につながる ・児童労働をなくし、子どもの教育支援につながる
買い物をする	FSC 森林認証ラベルや MSC 認証ラベルのある商品を選ぶ	・森林や水産資源など生物多様性保全につながる
食材を買い過ぎないように気をつけ、買った食材は使い切る		・食品ロスの削減につながる
消費生活センターや企業のお客様相談室に、製品・サービスで事故にあったときの相談をしたり、品質・サービス向上のための意見を伝えたりする		・原因について調査され、改善につながる ・再発防止につながり、より安全で安心な製品やサービスが提供される ・消費者の信頼を得られるような事業活動（消費者志向経営）を行う事業者が増える
消費者問題、環境問題などに関する講座やセミナーに参加する		・消費者問題や環境問題などの知識を身につけ、公正な消費や持続可能な社会の実現につながる

将来の人々のことを考えて行動し、自分の行動が経済や環境にどのような影響を与えるかを考えて行動する社会のことを、消費者市民社会といいます。

　私たちの暮らしはとても便利で豊かです。しかし、一方では、空気や土壌の汚染、生物の減少、気候変化など地球環境に負荷を与えています。それだけでなく、少子高齢化、貧困、食料の制約、地域社会の疲弊などさまざまな社会問題を抱えています。そのような問題を解決するために、消費者市民として行動することが求められています。

(1)　地産地消

　地域でとれたり生産されたりした農産物や水産物、特産物などをその地域で消費することをいいます。生産者が近いため、農薬や添加物を使用しているかどうかなどを確認しやすく、消費者の声が届きやすいです。安全・安心で新鮮な農産物や水産物を手に入れることができ、生産者と消費者を結び付けるきっかけにもなります。また、短い距離の輸送ですむため、輸送コストや排気ガス排出削減につながり、環境にもやさしく、地域の活性化にもつながります。

(2)　フェアトレード

　日本では、開発途上国で生産された作物や商品がとても安い価格で販売されていますが、その生産国では生産者に正当な対価（給料など）が支払われていない状況も見受けられます。開発途上国の立場の弱い人々の生活改善と自立を図るため、適正な価格で取引するしくみを**フェアトレード**といいます。

　近年、多くの店舗でコーヒーやチョコレート、バナナなどについてのフェアトレード商品を取り扱っていますが、ほかにもコットン製品やサッカーボール、切花などさまざまなフェアトレード商品があります。国際フェアトレード基準が守られている商品には、国際フェアトレード認証マーク（→117頁）を表示しています。

(3)　生物多様性保全

　私たち人間や動物、植物、細菌など地球上に

ある生命のつながりを**生物多様性**といいます。森林を切り拓（ひら）いたり、魚を必要以上にとったり、プラスチックごみの廃棄によって汚染したりするなど、私たち人間の活動によって、生態系の破壊や、生物の減少・絶滅の危機が迫っています。生態系や生物多様性が壊れてしまうと、私たちも暮らしにくくなる可能性があります。生物多様性に配慮した認証マーク（サステナブルマーク。→117頁）の付いた商品を購入することで、生物多様性保全に貢献することができます。

サステナブルマーク

FSC森林認証マーク	適切に管理・伐採（ばっさい）された森林資源を使用している商品（コピー用紙、鉛筆など）
MSC認証マーク	海洋の自然環境や水産資源を守って「持続可能で適切に管理されている」と認証された漁業でとられた水産物
RSPO認証マーク	持続可能なパーム油※を使用した商品

※ アブラヤシの果実から得られ、カップ麺、お菓子、化粧品、洗剤、医薬品、バイオ燃料など幅広く利用されている植物油

(4) 食品ロス

食べ残し、売れ残りなど、まだ食べられる食品を捨ててしまうことを**食品ロス**といいます。日本では、約2500万トンの食品廃棄物が出されており、このうち、食品ロス量は年間600万トンを超え、毎日、大型トラック（10トン車）約1700台分の食品を捨てています。

食品ロスを含めた多くのごみを処理するには、多額のコストがかかりますし、環境にもよくありません。また、私たちが普段食べている食料の約60％は海外からの輸入に頼っています。それにもかかわらず、捨ててしまうのはもったいないことです。一方で、海外に目を向けると、多くの子どもが貧困で食事に困っている現状もあります。

食品ロスを減らすために、一人ひとりが取組みを始めることで、大きな削減につながります。

食品ロスを減らすポイント

〈お買物編〉
□買物前に、冷蔵庫や食品庫にある食材をチェック
　⇒メモ書きや、携帯・スマートフォンで撮影し、買物時の参考にする
□必要な分（使う分・食べられる量）だけ買う
　⇒まとめ買いを避け、必要な分だけ買って、食べきる
□期限表示を知り、利用予定と照らして、賢く買う
　⇒すぐ使う食品は、棚の手前から取る
〈ご家庭編〉
□適切に保存する
　⇒食品に記載された保存方法に従って保存する
　⇒野菜は、冷凍・乾燥などで下処理し、ストックする
□食材を上手に使いきる
　⇒残っている食材から使う
　⇒作り過ぎて残った料理は、リメイクレシピなどで工夫する
□食べきれる量を作る
　⇒体調や健康、家族の予定も配慮する
〈外食編〉
□食品ロス削減に積極的に取り組む店を選ぶ
　⇒料理の量（少なめなど）選べる店
□注文
　食べられる分だけ注文する
　⇒小盛りメニューやハーフサイズを活用する
□料理をおいしく食べきる
　⇒みんなで分けあって食べきる

（出典）消費者庁HP（一部改変）

エシカル消費（倫理的消費）

エシカル消費とは、よりよい社会に向けて、消費者が人や社会、地域や環境のことを考えたり、それらの課題に取り組む事業者を応援しながら消費活動を行ったりすることです。フェアトレード商品の購入といった「人や社会、雇用への配慮」や、プラスチックごみ削減に取り組んでいる企業の商品を購入するといった「環境への配慮」など、消費者市民としての行動と合致する考え方といえます。

誰もが豊かな生活を送ることができるようにするためにも、一人ひとりが意識して行動することが求められています。

7　生活設計を立てる

● 将来のことを想像することができません。卒業後のことを考えなければなりませんか？

● 一人暮らしを考えていますが、どのようにお金のやりくりをすればよいでしょうか？

　人生を豊かに過ごし、将来のことを思い描き、具体的な計画を立てることを生活設計といいます。生活設計を考える際、夢や目標を実現させるために、現在の収入・支出や資産（貯蓄等）を正確に把握し、将来に向けた資金計画を立て、ライフイベントやリスクの備えについて考えることが大切です。

ライフイベントと考えられるリスク

　進学、就職、結婚、出産・子育て、教育、マイホーム・自動車購入、余暇（海外旅行など）、退職などの大きな出来事を**ライフイベント**といいます。人によってライフイベントは異なります。高校卒業後、就職する人がいれば、進学する人もいます。結婚をしたい人、しなくてもよいと考える人もいます。住まいについては、賃貸住宅に住み続けるか、家を購入するかなどの選択があります。ライフイベントを想定し、生活設計することは大切ですが、生活設計を固め過ぎず柔軟性をもたせることが重要です。

　今後の人生で大きな**リスク**に直面するかもしれません。考えられるリスクとして、事故にあってケガをする、事故を起こす、病気になる、火災や自然災害による家・家財の損壊、失業などがあります。そのようなリスクを回避することは大切ですが、リスクが現実になった場合に、お金の面で損失に備えることも重要です。貯蓄でカバーする場合、いざというときにお金が足りないことも考えられますが、保険でカバーしようとする場合でも家計に対する保険料の比率が大きすぎると負担になり、生活が苦しくなる可能性があります。そのため、貯蓄と保険を併用することが大切です。貯蓄があるとリスクの備えだけでなく、他の費用に使うこともできます。

資金計画

　人生の大きな支出として、結婚費用、教育費用、住宅費用、老後費用があります。ライフイベントを実行するには多くの費用がかかります。

　夢や目標を実現させるために、生活設計を立てることで、必要な金額を見積もり、そのお金を計画的に準備することができます。一般的に、必要な金額をイベントを迎えるまでの年数で割り、その金額を毎年積み立てることが多いです。時折、資金計画を見直すことも大切です。

主なライフイベントにかかる費用

就職活動費 （スーツ代、交通費など）	約14万円
結婚費用 （結納・婚約から新婚旅行までにかかった費用総額）	約467万円
出産費用 （入院料・分娩料などの総額）	約51万円
教育資金 （幼稚園から高校まで公立、大学のみ私立の場合の子ども1人あたりの総額）	約1049万円
住宅購入費 （建売住宅の平均購入額）	約3340万円
老後の生活費 （高齢夫婦無職世帯の1カ月の支出）	約26万円
介護費用 （介護保険受給者1人あたり1カ月の使用額）	約17万円
緊急資金 （生活費の3カ月分（1カ月あたり20万円の場合））	約60万円

（出典）日本ファイナンシャル・プランナーズ協会HP

家計管理

ライフイベントを実現させるために、現在の収入と支出（収支）を把握し、収支のバランスを考えて生活を維持します（家計）。収入とは、一定期間に働いて得られる金銭や物品の総額のことで、預金の利息も含まれます。給与所得者の場合、総支給額から税金（所得税や住民税など）や社会保険料（健康保険料や年金保険料など）を差し引かれた後に受け取るお金（手取り収入）をいいます。支出とは、食費や住居費、光熱費などのような生活費や税金、社会保険料など出て行くお金のことをいいます。無計画にお金を使っていると支出が収入を上回ってしまいます。給与明細などで手取り収入を把握し、限られた収入の範囲内で、支出の優先順位をつ

けて計画的に使うことが大切です。

家計を適切に管理することは、ゆとりのある生活の実現につながり、将来に向けた資金計画が立てやすくなります。そのためには、家計簿などで収支を記録し、毎月集計し、無駄な支出がないか見直す習慣をつけることが望ましいです。家計簿の費目は、決まった金額を必ず支払う固定費と、月によって金額が異なる変動費（生活費）があります。

家計をきちんと管理しておかないと、お金が足りず、滞納癖がついたり、借金をしたりする可能性が出てきます。収入から固定費を確実に支払い、さらに貯蓄するお金を差し引き、残りのお金で生活できるようにしくみを整える必要があります。最近では、市販の家計簿だけでなく、パソコンでの管理やスマートフォン（スマホ）のアプリで管理することができます。負担にならないように、自分に合った家計管理を行いましょう。

給与明細例

令和2年4月分	給与明細書			
			営業部	○○　○○

	基本給	職務手当	時間外手当	家族手当
支給額	200,000	5,000	7,200	
	資格手当	住宅手当	通勤手当	総支給額
		31,000	5,400	248,600

	健康保険	介護保険	厚生年金保険	雇用保険	社会保険料合計
控除額	12,898	0	14,465	875	28,238
	所得税	住民税	税額合計		控除合計
	4,420	8,210	12,630		207,732

給与の支給項目

名称	内容
基本給	基本的な賃金部分。賞与（ボーナス）や退職金の計算などをする際のベースになる
時間外手当	残業代や休日出勤手当
所得税	その年の所得に対して、国に払う税金
健康保険	ケガや病気をした場合の公的医療保険
厚生年金保険	老後に支給される老齢年金や死亡したときに遺族に支給される遺族年金、障害状態になったときに支給される障害年金のためのもの
雇用保険	失業時の失業手当（基本手当）受給、就業支援などを受けるためのもの
住民税	前年の所得に対して、住所がある都道府県と市区町村に払う税金

家計簿費目例

	住居費	住宅ローン、家賃、管理費、駐車場代など
固定費	水道光熱費	水道代、電気・ガス代など
	通信費	固定電話、携帯電話、インターネット通信代など
	教育費	授業料、習いごと費など
	こづかい	自分自身や家族へのこづかい
変動費	食費	飲食料、調味料、外食費など
	日用品費	洗剤や紙製品類などの消耗品、掃除用品代など
	保健医療費	病院の診察代、薬代、病院への交通費、コンタクトレンズ用品代など
	教養娯楽費	趣味、新聞、書籍、映画の代金など
	美容・被服・履物費	美容院代、洋服・靴・アクセサリー代、クリーニング代など
	交通費	電車代、ガソリン代など
	特別費	冠婚葬祭・引越し・車検・家電等の買替えの出費など

25

8　保険を知る

● 公的医療保険が使えない診療があると聞きましたが、どのようなケースでしょうか？
● 年金の保険料って支払わなければならないのでしょうか？

　誰もが、予期せぬ事態に遭遇する可能性があり、避けられないリスクがあります。そこで、加入者が出しあった保険料を原資に、そのリスクが現実化した人に対し、必要なお金を保険金として渡すしくみが作られており、これを**保険**といいます。

社会保険

　公的な保険を**社会保険**といい、医療保険、年金保険、介護保険、労働者災害補償保険（労災保険）、雇用保険があります。

(1)　医療保険

　日本では、すべての国民が**公的医療保険**に加入することになっています（**国民皆保険**）。この制度によって、病気やケガをしても誰もが安心して医療機関で受診することができます。公的な医療保険は、働き方など条件によって制度が異なります。

　医療保険にはさまざまな給付があります。医療を受ける場合、病院や調剤薬局などの医療機

医療保険制度

制　度		対象者
※被用者保険	健康保険	中小企業被用者とその家族、大企業被用者とその家族、日雇い労働者とその家族
	船員保険	船員とその家族
	共済組合	公務員、私立学校教職員とその家族
国民健康保険		農業者、自営業者など
	退職者医療制度	被用者保険の退職者
後期高齢者医療制度		75歳以上の人、65歳以上75歳未満の寝たきり状態の人

※　労働契約に基づき、民間企業や官公庁等に雇用され、賃金を受け取って労働に従事する者

関で被保険者証（保険証）等を提示し、医療費の一部（自己負担金）を支払うことで診察・処置・投薬などを受けられます。これを療養給付といいます。一部負担金の割合は、次のとおりです。

医療費の一部負担割合

年　齢	負担割合
小学校入学前	かかった医療費の2割
小学校入学以後70歳未満	かかった医療費の3割
70歳以上	かかった医療費の2割（現役世代並みの所得者は3割）
75歳以上	かかった医療費の1割（現役世代並みの所得者は3割）

　風邪やケガなどでの通院なら低額ですみますが、入院や手術で高額の医療費がかかることもあります。1カ月の医療費の自己負担額が高額になった場合、月ごとの自己負担限度額を超える部分について、高額療養費として後で払い戻されます。出産したときは、出産育児一時金が支給されます。

　被用者保険に加入している本人（労働者）が、仕事以外の理由による病気やケガで働くことができず、給料を得られなかったとき、生活保障のために休業の4日目から傷病手当金が支給されます。出産のために給料を得られない場合には出産手当金が支給されます。これは、被用者保険の特徴で、国民健康保険にはこのような給付はありません。

　医療保険は病気やケガをしたときなど療養給付が対象であるため、日常生活に支障がないのに受ける診療は医療保険を使うことができませ

ん（下の表の上の欄。自由診療ともいう）。

医療保険が使えない場合と例外

医療保険が使えない場合	・近視や遠視などの手術 ・隆鼻術、二重まぶたの手術など美容のための手術 ・正常な妊娠および出産 ・経済的理由による人工妊娠中絶 ・健康診断、人間ドック ・予防接種
例外的に医療保険が使える場合	・視力変化があるときの診察、検査、メガネの処方せん ・外傷、やけどの処置のための整形手術 ・妊娠中毒症、異常分娩、母体に危機が迫った場合の人工妊娠中絶

（2）年金保険

日本では、20歳以上60歳未満の国民が**公的年金保険**に加入する義務があります（**国民皆年金**）。働き方、暮らし方により加入する年金制度が決まっています。公的年金は、現役世代が納めた保険料で高齢者や障害を負った者、遺族の生活を社会全体で支える**賦課方式**と、保険料を積み立てて、将来の年金給付の財源とする**積立方式**があります。積立方式の場合、物価や賃金の変動によって価値が下がってしまう可能性があり、日本では賦課方式を採用しています。原則として、保険料を納めないと年金を受け取ることはできません。

公的年金制度は国民年金と厚生年金で構成されています。国民年金はすべての国民を対象としています。一方、厚生年金は会社員、公務員、私立学校教職員など組織に雇用される人が国民年金とあわせて加入します。将来受け取る年金を上乗せするために、付加年金や確定拠出年金、企業年金などがあります。

年金の加入者は、「第1号」、「第2号」、「第3号」の3種類に分類され、それぞれ保険料の納め方が異なります。

受け取ることができる年金は3種類あり、**老齢年金**（老後を迎えたときの保障）、**障害年金**（ケガや病気で障害を負った場合の保障）、**遺族年**

公的年金のしくみ

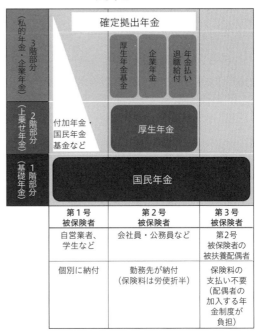

		第1号被保険者	第2号被保険者	第3号被保険者
		自営業者、学生など	会社員・公務員など	第2号被保険者の被扶養配偶者
		個別に納付	勤務先が納付（保険料は労使折半）	保険料の支払い不要（配偶者の加入する年金制度が負担）

金（加入者が死亡した後、生計をともにしていた家族の生活保障）です。老齢年金は、65歳以降亡くなるまで受け取ることができ、保険料を納めた期間が長いほど、受け取る年金額も多くなります。

公的年金の給付を受けるためには、毎月の保険料を納付する義務をきちんと果たす必要があります。収入の減少や失業など経済的な理由で国民年金保険料を納めることが難しくなることもあります。保険料を未納のままにしておくと、年金を受け取ることができない場合があります。所定の手続を行えば保険料の納付免除や猶予制度を利用することができます。

（3）介護保険

介護保険制度は、寝たきり・認知症などの高齢者が増加する中で、介護施設や介護用品の利用などの負担を抑えて、誰もが安心して老後を過ごせるように社会で支え合う制度です。40歳になると介護保険の加入が義務づけられており、64歳まで医療保険料と一緒に介護保険料を徴収されます。65歳以上の人、または40歳〜64歳で

特定疾病に該当する病気で要介護度の認定を受けた人が、給付やサービスを受けられます。

(4) 労災保険

労働者災害補償保険（労災保険）は、就業中や通勤途中など業務上の事故や災害でケガをしたり、仕事が原因で病気になったり、不幸にして亡くなった場合に補償されます。労災保険の保険料は事業主が全額負担し、労働者の負担はありません。労災保険給付は次のとおりです。

労災保険給付の種類と内容

種　類	内容（給付される場合）
療養補償給付	ケガや病気の診察・治療を行った場合
休業補償給付	ケガや病気のために労働することができず賃金を得られない場合
障害補償給付	ケガや病気の症状が残っている者の治療効果が期待できず、障害が残った場合（程度による）
遺族補償給付	死亡した場合
葬祭料葬祭給付	死亡した人の葬祭を行う場合
傷病補償年金	療養を開始してから１年６カ月を経過してもケガや病気が治らない場合
介護補償給付	介護が必要になった場合
二次健康診断等給付	事業主が行った直近の定期健康診断等において、血圧の測定などの項目で異常が生じた場合

(5) 雇用保険

雇用保険は、労働者が失業したときに、生活や雇用の安定を図るもので、再就職を促進するために必要な給付が行われる制度です。１週間の労働時間が20時間以上で、31日以上雇用される見込みがある人（30日以内に雇止めされることが決定していない人）は給付を受けられます。原則として、個人事業主や法人の役員は対象外です。

失業状態になった場合、失業者の生活を安定させ、求職活動を容易にするための給付を求職者給付といいます。求職者給付のうちの１つである基本手当は、失業時に要件を満たした場合に支給されます。受給要件は次のとおりです。

①雇用保険に加入している。
②公共職業安定所（ハローワーク）で求職の申込みを行い、失業の認定を受けている。
③失業状態（労働しようという積極的な意思と能力があり、就職活動をしていながら就職することができない状態）である。
④退職日以前の２年間に雇用保険加入期間が通算12カ月以上ある。

基本手当は、すでに就職先が決まっている場合や家業や学業に専念することになった場合などは受けることができません。

基本手当の受給開始時期は、退職理由によって異なります。会社の倒産やリストラなど会社都合の場合は、退職後、受給資格日から７日間の待機期間満了後から受け取ることができます。自ら退職を申し出た場合は、７日間の待機期間の後、さらに３カ月の給付制限期間を経て、受け取ることができます。給付される日数は、離職理由や離職時の年齢、被保険者であった期間などにより決まります。失業給付の受給中に就職が決まった場合、入社日の前日まで支給されます。

求職者給付のほかにもさまざまな給付があります。失業者の再就職を支援するための再就職手当は、基本手当を受給している期間中に再就職が決まり、受給条件を満たしている場合に支給されます。教育訓練給付は、失業者（離職者）だけでなく一定の条件を満たす在職者にも給付されるもので、厚生労働大臣の指定する教育訓練を受講し、終了した場合、受講料の一部が支給されます。雇用の継続を促すことを目的とする給付として、高年齢雇用継続給付、育児休業給付、介護休業給付があります。

私的保険

私たちは日常で、ケガや病気をしたり、火災や事故にあったりするなど予期しない出来事が起こることがあります。そのような"もしも"のときに備えるのが**私的保険**です。私的保険は、

民間の保険会社が販売している保険で、個人が自由に選ぶことができます（任意加入）。公的な社会保険だけでカバーしきれない費用負担を軽くする役割があります。

(1) 生命保険

生命保険は、亡くなったときなどに決まった金額を受け取ることができる死亡保険、保険の対象となっている人（被保険者）が保険期間終了まで生きていた場合に受け取ることができる生存保険などがあります。生命保険に加入するためには、現在の健康状態などを正確に告知する必要があり、健康状態によっては希望の保険に加入できない場合があります。保険料は加入者の年齢や保障内容によって変わります。

死亡保険は、保険期間によって保障や支払い金額が異なります。

生命保険の保険期間

種　類	特　徴
終身保険	・保障が一生続く ・途中で解約したときに払い込んだ保険料のうち一定の割合が戻る解約返戻金が一定額まで増える
定期保険	・保障は一定期間 ・比較的、保険料が安い。 ・期間が過ぎて生存していた場合、保険金は支払われず、保険料は戻ってこない（掛け捨て）。同じ保障で契約更新すると、保険料が高くなる ・解約返戻金が少ない

生存保険は、将来に向けた貯蓄が主な目的となる保険で、将来年金を受け取ることができる個人年金や教育資金準備のための学資保険（こども保険）などがあります。生存保険は、死亡保障の機能はほとんどありません。

(2) 損害保険

損害保険は、事故や災害のときに損害を補てんする保険で、モノや財産の価値を補償します。保険金は、実際に損害のあった金額だけが支払われる実損払いです。主な損害保険の種類は次のとおりです。

損害保険の種類

種　類	特　徴
自動車賠償責任保険（自賠責保険）	・すべての自動車に加入が義務づけられている強制保険 ・自動車の人身事故時に、他人（被害者）に与えた損害を補償 ・損害に応じて被害者1名につき支払われる限度額（障害による損害は120万円、後遺障害による損害は障害の程度に応じて75万円～4000万円、死亡による損害は3000万円）が決まっている
自動車保険	・自賠責保険では補償されない損害を補うための任意保険 ・対人賠償責任保険（自賠責保険の支払限度額を超えた部分）、対物賠償責任保険（対他人の財物）、人身傷害保険（対運転者と同乗者のケガなど）、車両保険（対事故や盗難による自動車）などがある
火災保険	・火災や風水害などの天災、水漏れ、盗難などによって被った建物や家財の損害を補償
地震保険	・地震や噴火、これらによる津波を原因とする建物や家財の損害を補償
傷害保険	・突然の事故によりケガをした結果、入院や通院、死亡した場合に補償
旅行保険	・旅行中のケガや病気、手荷物の盗難、第三者への賠償などを補償

(3) そのほかの保険

ケガや病気、介護や就業（仕事が）できないときに備え、生命保険、損害保険に属さない保険として（私的保険の）医療保険があります。医療保険の基本契約（主契約）は、ケガや病気による入院や手術などの保障です。主契約に加え、三大疾病や通院、介護・就業不能などの特約をつけることで、保障を手厚くすることができます。

9 預ける、増やす、借りる、返す

● なぜ、お金を貯めたり増やしたりする必要があるのでしょうか？
● 借金はよくないと聞きますが、その理由は何でしょうか？

　私たちはお金とかかわりをもたずに過ごすことはできません。日常生活だけでなく、将来の生活で、いつ、どのくらいのお金が必要か把握することが大切です。

　人生にはさまざまなライフイベントがあり、それぞれにお金がかかります。いつもより贅沢をしたい、旅行に行きたいなどと思ったとき、お金がなければ実現しません。そのため、お金を上手に管理して貯めておく必要があります。自動車や住宅など、高額で、毎月の収入や手持ちのお金では一括で支払うことができない場合があり、手に入れるために、貯蓄を払い戻したりお金を借り入れたりすることがあります。

預ける

　貯蓄には家庭で貯める方法もありますが、銀行等に口座を作って、お金を預ける方法があります。それぞれのメリット、デメリットは次のとおりです。

貯蓄方法のメリット・デメリット

	メリット	デメリット
家庭	・お金が必要なときにすぐに使える	・お金を使ったり、なくしてしまったり、空き巣に狙われたりする可能性がある ・利息はつかない
銀行等	・一定期間預けると利息がつく ・お金を盗まれたり、置き場所を忘れたりしない ・通帳等で取引の記録が残る	・銀行等やATMに行かないとお金が手に入らない ・お金の預け入れや引き出しに手数料がかかる場合がある ・銀行等が破綻した場合、一定額以上は保護されない※

※　原則、1つの金融機関で1人あたり預けたお金1000万円までとその利息の合計金額が保護される

　社会人になり収入を得られるようになったら、貯蓄する習慣を身につけることが大切です。お金を預ける金融機関のうち、銀行、信用金庫などの金融機関にお金を預けることを預金、ゆうちょ銀行、JAバンクなどにお金を預けることを貯金といいますが、実態は変わりません。銀行やゆうちょ銀行で扱っている預貯金には、いくつかの種類があり、預ける口座の種類によって利率などが異なります。

　貯蓄を習慣づける方法として、給料が口座に

銀行預金の種類と特徴

普通預金	自由に預け入れ、払い戻しができる預金。銀行取引の基本となる預金口座となる。公共料金や家賃などの自動支払い、給与や年金などの自動受け取りができる。
定期預金	1年、3年後など、預け入れ期間を決める預金。満期日まで原則、引き出しができないが、金利が高いメリットがある。
総合口座	普通預金と定期預金などの長所を組み合わせたものが「総合口座」。「貯める」、「増やす」、「受け取る」、「支払う」、「借りる」といった機能がセットになっている。
当座預金	当座預金は手形や小切手の支払いに使われる預金。法律により利息が付かない。
貯蓄預金	残高が定められた金額（基準残高）以上あると、普通預金より金利が高くなることが多いのが貯蓄預金。出し入れ自由だが、自動支払い、自動受け取りが利用できない。
大口定期預金	大口定期預金は、1000万円から預け入れ可能な定期預金で、一括で預け入れて利用。
積立定期預金	積立定期預金は、毎月、決まった日に預金の積み立てをして、目標額を目指す定期預金。進学、旅行、住宅購入資金など目標額を設定した貯蓄に用いられる。

（出典）一般財団法人全国銀行協会

振り込まれる前に一定金額を差し引いて貯蓄する天引（てんび）き貯蓄や、毎月決まった日に給料が振り込まれる口座から別の預貯金口座に一定額を自動的に振り替える自動積立貯蓄などがあります。天引き貯蓄や自動積立貯蓄は、手取りの収入と貯蓄を分けることができ、一度手続をすれば毎月自動で貯蓄することができます。安易に引き出すことができないので無駄遣いを防ぐことができます。社内預金制度や財形貯蓄制度などを導入している事業者もあり、一般より利率が高い場合が多いです。自分の勤める会社に社内預金制度や財形貯蓄制度がない、個人事業主であるといった場合、誰でも利用できる自動積立貯蓄をすることで手軽に貯蓄することができます。

社内預金制度と財形貯蓄制度の種類と特徴

社内預金	給料の一部を天引き。使用目的は限定せず、自由に使うことができる。社内預金の利率は厚生労働省が定める下限利率以上（現在の下限利率は0.5％）。利子に対し20％課税される。企業に万が一のことがあった場合、預金が戻らない可能性がある。
一般財形貯蓄	使用目的は限定せず、自由に使うことができる。積立期間は原則3年以上。貯蓄開始から1年経過すれば、いつでも自由に払い出し可。利子に対し約20％課税される。
財形住宅貯蓄	使用目的は住宅の購入・建設・リフォーム。満55歳未満の勤労者で、他に住宅財形契約をしていない者が利用可。積立期間は5年以上。財形住宅貯蓄と財形年金貯蓄をあわせて、貯蓄残高550万円まで利子等非課税。
財形年金貯蓄	使用目的は老後の資金づくり。満55歳未満の勤労者で、他に年金財形契約をしていない者が利用可。積立期間は5年以上。財形年金貯蓄と財形住宅貯蓄をあわせて、貯蓄残高550万円まで利子等非課税。

増やす

　将来のためにお金を増やしたい場合、預貯金だけではなく、投資という手段もあります。**投資**とは、将来有望と思われる企業等に資金を投じることでそれ以上の利益になって返ることを

期待することです。株式や、運用を専門家に任せる投資信託などの金融商品があり、運用がうまくいって利益が得られる可能性がある反面、損失を被る可能性もあります。金融商品にはたくさんの種類がありますが、3つの特性のどの性質が高いかが、それぞれ異なります。

金融商品の特性

流動性	お金が必要になったとき、いつでも現金に換えることができるか。
安全性	運用したお金がどの程度保証されるのか。期待していた利益が得られなくなる危険がないか。
収益性	運用したお金に対し、どれだけの収益（利益）が期待できるのか。

　お金を、安全でかつ有利な金融商品で運用できたらよいのですが、利益率が高い商品ほどリスクも大きく利益率が低い商品はリスクも小さくなります。リスクを抑える方法として、銘柄や地域、投資するタイミングなどリスクの異なる金融商品に分散するという考え方があります。また、短期的な損得にこだわらず、定期的に運用商品を見直しながら長期運用することも大切な点といえます。

借りる、返す

　欲しいものを買うとき、手元にあるお金や貯まったお金で買うことが通常ですが、貯蓄がない場合や貯蓄を取り崩したくない場合、お金を借りる（借金）という手段があります。借金はできるだけ控えたほうがよいですが、どうしてもお金を借りないといけない場合があるかもしれません。たとえば、大学進学する際に貯蓄だけでまかなうことができない場合、教育ローンまたは奨学金を利用することがあります。借金をして、自動車や家を購入することもあります。

　借金は、後からお金を返すことが前提で、誰でもいくらでも借金できるわけではありません。借りたお金（借入金）を確実に返済できる人物

クレジットカード利用代金の支払方法

一括払い	利用代金を、翌月あるいは翌々月に一括で支払う方法。ボーナス月に、利用代金を一括で支払うボーナス払いもある。手数料（利息）はかからない。
分割払い	利用代金の分割回数を選択して支払う方法。分割回数が多いほど一度に払う金額を減らすことができるが、手数料がかかる。
リボルビング払い	毎月、あらかじめ設定した一定金額を支払い、利用代金の残高がなくなるまで支払う方法。分割払いよりも手数料の金額が高く設定されている。利用代金の残高が残っているにもかかわらず買い物を続けると、元金が減らず、返済が終わらないうえ、当月の支払い分がどの買い物の支払い分なのかわからなくなるので注意が必要。

クレジットカードのしくみ

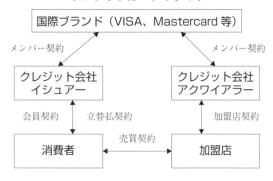

クレジットカード利用のメリット、デメリット

メリット	・手元にお金を持っていなくても、カード利用で、後払いできる ・現金をたくさん持ち歩かなくてもよい ・インターネット上での支払いができる ・一度に支払う負担が大きいとき、分割払いができる
デメリット	・お金を使っている感覚がなくなり、いくら使ったのかわからず、使い過ぎる可能性がある ・分割払いやリボルビング払いにすると、手数料がかかる ・カード端末機でのスキミングやインターネットでの不正アクセスなど個人情報漏えいのリスクがある

であるという「**信用**」がなければ借金をすることができません。借金をする場合、利息がかかり、返済するときは元金に利息を加えた金額を支払わなければなりません。利息は信用をもとに決められ、借り手の信用が高ければ、返済が滞る可能性が低いと考えられ利息は低くなりますが、信用が低ければ、利息は高くなります。

(1) ローン

ローンは後から少しずつ必ず返すことを約束して、銀行や貸金業者（信販会社や消費者金融）などの金融機関からお金を借りることです。住宅ローン、自動車ローン、教育ローンなど借入れ用途が特定されたローンと、カードローン、フリーローンなど借入れ用途が特定されていないローンがあります。

(2) クレジットカード

クレジットカードは、申込み後、年齢や収入、勤続年数などの審査を通ると発行されます。カード会社の加盟店で提示することにより、後払いで商品やサービスを購入することができ（ショッピング機能）、ATMなどでお金を借りることもできます（キャッシング機能）。

クレジットカードの利用代金の支払方法は、買い物をするときに選ぶことができます。

(3) 奨学金

経済的理由などで進学することが難しい学生に学校で勉強するための費用を支援する制度を**奨学金制度**といいます。大学卒業後に返還する無利子または有利子での貸与型と返還不要の給付型があります。給付型の場合、成績や健康状態、家庭の収入などの採用基準を満たす必要があります。採用されたとしても、学業成績が不振であったり習得単位が極めて少なかったりする場合、奨学金の停止になることがあります。奨学金制度は、国や地方公共団体、民間団体、学校等で設けられています。

(4) 金利と返済方法

住宅ローンなど返済が長期にわたる場合、金利（借金時の利息の割合）や返済方法によって返済の総額に大きな差が出ることがあります。借入れを契約したときから借金を返済し終えるまで同じ金利の固定金利と、返済の途中で金利が見直され、経済状況によって金利が変わる変

返済方式の特徴

元利※1均等返済方式	返済額（元金＋利息）は毎回同じで、返済計画を立てやすい。初めは利息部分が多く、元金が少なく、返済回数が進むほど元金の返済額が多くなる。 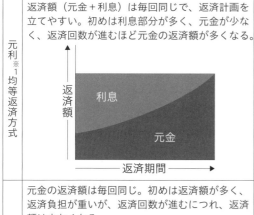
元金※2均等返済方式	元金の返済額は毎回同じ。初めは返済額が多く、返済負担が重いが、返済回数が進むにつれ、返済額は少なくなる。 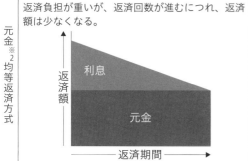

※1　元金に利息を加えた返済額
※2　借入金

動金利があります。返済方法は、**元利均等返済方式**と**元金均等返済方式**があります。借入れ金額と返済期間が同じ場合、元金均等返済より元利均等返済のほうが、利息が多くなるため総返済額が多くなります。

(5) 個人の信用情報機関

お金の貸し手である、銀行、貸金業者、クレジットカード会社が、借り手に返済能力があるかなど信用情報を把握できるしくみとして、信用情報機関の情報開示制度があります。信用情報には、ローンやクレジットカードを利用した際の申込内容や契約内容、支払状況などが登録されています。新たな借入れ契約をする際、借入れ金額が多かったり、支払いを滞納していたりすると、信用情報に問題があるとみなされ、審査に通らない可能性が高くなります。スマートフォンの代金の支払いや奨学金の返還が滞っ

た場合も、個人信用情報機関に登録されるため、延滞が登録されてから5年間はクレジットカードを作れなくなったり、ローンを組めなくなったりするおそれがあり注意が必要です。

(6) 多重債務

借金を返すために複数の業者からお金を借りて借金が雪だるま式に増え、返済が困難になっている状態を**多重債務**といいます。返済できるかを考えずにクレジットカードを使ってたくさんの買い物をした、友人に頼まれて断りきれずに**連帯保証人**＊になったなどの理由で多重債務になる場合があります。多重債務者の多くが、自分の借金がいくらあるのか、金利はどのくらいか、毎月の返済にいくら必要かなど正確に把握できていません。ローンやクレジットカードの利用明細書を必ずチェックし、しっかり把握することが大切です。

＊　借金した人（債務者）が借入金を返済しない場合に、債務者に代わって借金を返済することを約束し、実質的に債務者と同じ責任を負う人

ギャンブルや浪費のための無計画な借金はよくありません。しかし、将来のために役立ち、収入に応じて、計画どおりに確実に返済できる借金は悪い借金ではありません。しっかりとした生活基盤をもつためには、お金を上手に管理したり、注意深く使ったりすることが重要です。そのためには、お金に関する知識をもち、お金との付き合い方について適切に判断する力が必要です。

10 食品を安全にとるために

● 食中毒とは何ですか？　また、それはどのような原因によるものなのでしょうか？
● ほとんどの食品に食品添加物が入っていますが、食べても問題ありませんか？

私たちが毎日食べる食品は、衛生的でおいしく、安全なものでなければなりません。したがって、食中毒や食品添加物などについて、十分な知識をもち、食品の取扱い時の安全性について心がけることが大切です。

食品の保存

調理した食品を常温に置いたままにするなど食品の保存状態によっては、カビや細菌などの微生物が繁殖して腐敗し、嫌な臭いが生じ、食中毒の原因になったりします。微生物は温度、栄養分、水分などの条件により繁殖します。一般に乾燥、低温状態では繁殖しにくく、冷蔵庫や冷凍庫に保存することで変質や腐敗を遅らせることができますが、微生物を死滅させることはできません。その他の保存方法として、漬物などのように食塩を用いた塩蔵やジャムなどのように砂糖を用いた糖蔵などがあります。

購入した食品や調理した食品は、味や品質が低下しないように、各食品にふさわしい方法で衛生的に保存し、無駄のないように使い切ることが大切です。

保存性を高める加工の例

冷　凍	冷凍食品など
乾　燥	乾物（干し椎茸、高野豆腐など）、干物、フリーズドライ食品など
空気を抜いて加熱・殺菌	缶詰、びん詰、レトルト食品など
煙の防腐効果を利用	燻製、かつおぶしなど
塩　蔵	漬物など
糖　蔵	ジャムなど

食中毒

食中毒とは、有害、有毒なものを含む飲食物を食べた結果生ずる下痢やおう吐、腹痛、発熱などの健康被害をいいます。食中毒には、細菌性やウイルス性、自然毒、化学物質による食中毒があります。食中毒の大部分は細菌性食中毒で、湿度の高い梅雨の時期から気温の高い夏や秋の初めに発生しやすいです。細菌やウイルスは、水分、温度、栄養の条件がそろうと急激に増加しますが、目は見えないため、普段から注意が必要です。食中毒かもしれないと思ったら

主な食中毒の種類

細菌性	カンピロバクター	食肉、特に鶏肉の臓器から汚染。調理後の調理器具により汚染しやすい。
	ウェルシュ菌	食肉や魚介類を使用した煮物を常温で放置しておくと芽胞を形成し、腸内で毒素を産生する。
	サルモネラ属菌	家畜やペットを介して感染しやすい。
ウイルス性	ノロウイルス	生食用の貝やノロウイルスに汚染された食品から感染。2次感染しやすいため、感染者が多数になることが多い。
自然毒	テトロドトキシン（動物性自然毒）	フグの卵巣や肝臓に含まれる毒素
	ソラニン（植物性自然毒）	光があたって緑色になったジャガイモの表皮や芽の部分に含まれる神経毒
寄生虫	アニサキス	サバ、サケ、サンマなどの筋肉に寄生
	クドア	ヒラメに寄生
化学物質	農　薬	殺虫剤や除草剤など

食中毒を予防する３つの原則

細菌をつけない	・料理の前に手や調理器具を洗う ・生の肉や魚の汁が他の食品にふれないようにする ・生の魚や肉を切った後の包丁やまな板をしっかり洗い、熱湯をかけて使う ・ケガをしている人は直接食品をさわらない
細菌を増やさない	・鮮度の良い食品を購入し、冷蔵庫に入れるなどして、適切に保存する ・できた料理はなるべく早く食べる
細菌を殺す	・しっかり加熱する ・ふきんやまな板を使用後にしっかり洗い、熱湯や漂白剤などで殺菌し、よく乾かす

病院を受診しましょう。

食品添加物

食品添加物は、食品を製造する場合に、食品の加工・保存などの目的で添加するものです。食品添加物の目的と使用例は次のとおりです。

① 食品の製造時に固めたり、ふっくらさせたり、風味を出す（凝固剤、膨張剤、安定剤など）。

② カビなどの発生を抑えたり、酸化を防いだりして保存性をよくする（防カビ剤、殺菌剤、酸化防止剤、保存料など）。

③ 食品にうまみを加える、なめらかな感じにするなど品質を保持する（調味料、甘味料、酸味料、乳化剤など）。

④ 食品に色や香りをつけるなど、美化する（着色料、香料など）。

⑤ 栄養を強化する（栄養強化剤）。

使用された食品添加物は、原則として、物質名で品質表示の原材料名の欄に表示されます。

食品に関連する化学物質

化学物質は、重金属や汚染物質など環境中に含まれるものや食品中の成分からできるものがあります。

⑴ **環境中に含まれるもの**

Ⓐ カドミウム

土壌中や鉱物中などに天然に存在する重金属の**カドミウム**は、米や野菜などの作物の中に吸収・蓄積されます。長期間にわたりカドミウム含量の高い食品を摂取すると腎機能障害を起こす可能性があります。

Ⓑ メチル水銀

多くの魚介類は微量の**メチル水銀**を含んでいます。食物連鎖を通じてメチル水銀が蓄積される一部の魚介類（マグロ、カジキなど）を妊婦が多量に食べ続けると胎児への影響の可能性があると指摘されています。

Ⓒ 無機ヒ素

ひじきには、**無機ヒ素**が多く含まれています。伝統的に食べている食材であること、水戻しや加熱調理によりヒ素が除去されること、食物繊維や必須ミネラルを多く含んでいることから、食品安全委員会は、ひじきを適度に食べる場合においては、心配することはないとしています。

⑵ **食品中の成分からできるもの——アクリルアミド**

フライドポテトやポテトチップスなど炭水化物を多く含む食品を高温で加熱すると、**アクリルアミド**が生成されます。動物実験では、アクリルアミドの摂取量が多いほど発がん性や遺伝子損傷が上昇すると報告されています。

化学物質の安全性

食品添加物や食品に関連する化学物質の安全性は、基本的に量と毒性の強さで決まります。安全を確保するために、動物を使った毒性試験を行って有害な影響が観察されなかった投与量（無毒性量）から、人が生涯その物質を毎日摂り続けたとしても健康に悪影響がないと推定される摂取量（一日摂取許容量）を求め、それをもとに日本人が各食品を摂取する量などを考慮して、使用基準が定められています。実際に使われる量はその基準値より少ない場合が多いです。

11　食品の表示を読む

● 食品の表示のルールはどのようになっていますか？

● 消費期限と賞味期限の違いは何ですか？

　私たちは、食品についている表示やマークを見て、どんな原材料を使って作られたか、いつまでに食べればよいかなど、食品表示から情報を読み取ることができます。食品表示は、消費者に対してその食品の情報を伝える大切なものです。食品の安全性確保および消費者の適切な商品選択の機会の確保するために、2015年に**食品表示法**が施行されました。

食品表示基準

　食品表示法に基づいて、具体的な表示のルールは**食品表示基準**に定められており、食品の製造者、加工者、輸入者または販売者に対して、食品表示基準の遵守が義務づけられています。食品表示基準では、食品について、加工食品、生鮮食品、添加物に区分されています。表示には、必ず表示しなければならない**義務表示**、義務ではないが表示の対象となる**任意表示**、積極的に表示を推進するように努めなければならない**推奨表示**があります。

表示事項

義務表示	名称、保存方法、消費期限または賞味期限、原材料名、添加物、内容量、栄養成分の量および熱量、製造者等の氏名または名称および住所 （アレルギー、特定保健用食品※、機能性表示食品※、遺伝子組換え食品等については適用時に表示）
任意表示	特定の原産地や有機農産物など特色のある原材料等、義務表示以外の栄養成分、ナトリウムの量など
推奨表示	飽和脂肪酸、食物繊維の量

※　40頁以下を参照

(1)　加工食品

　製造または加工された食品を容器に入れ、または包装された食品を一般加工食品といいます（例、小麦粉、缶詰、パン、ビスケット、ウインナー、牛乳、みそ、弁当など）。その場で製造・販売される食品は、原材料や保存方法などを対面で説明できるため、表示の義務づけはありません。

加工食品の例

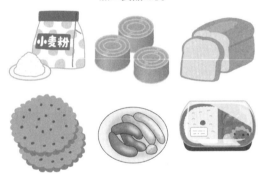

(A)　保存方法

　開封前の保存方法を、食品の特性に従い、「直射日光を避け、常温で保存すること」、「10℃以下で保存すること」などと表示します。食品を開封した場合、消費期限または賞味期限まで食品の安全性や品質の保持が担保されるものではありませんので、速やかに消費する必要があります。

(B)　期限表示

　加工食品には、**消費期限**または**賞味期限**のどちらか一方のみの表示が義務づけられています。

・消費期限：開封していない状態で、表示された保存方法を守って保存したときに、食べても安全な期限を示す。年月日で表示。

例、お弁当、ケーキ、惣菜など

・賞味期限：開封していない状態で、表示された保存方法を守って保存したときに、おいしく食べることができる期限を示す。3カ月を超えるものは年月で表示し、3カ月以内のものは年月日で表示。

例、スナック菓子、カップめん、缶詰、ペットボトル飲料など

ⓒ 栄養成分表示

すべての一般加工食品および添加物に、熱量（エネルギー）・たんぱく質・脂質・炭水化物・食塩相当量（ナトリウム）の**栄養成分表示**が義務づけられています。熱量・たんぱく質・脂質・炭水化物・食塩相当量の順に記載されます。表示を推奨されている栄養成分は、飽和脂肪酸、食物繊維で、そのほかに糖類、糖質、コレステロール、ビタミン・ミネラル類を表示することができます。

栄養強調表示をする場合、含有量が一定の基準を満たす必要があります。

栄養強調表示の例

低脂肪
カルシウムたっぷり
高たんぱく
ヨーグルト

ⓓ アレルギー表示

特定の食品が原因で、身体が過敏な反応を起こす健康危害を食物アレルギーといいます。かゆみやじんましん、下痢、おう吐、呼吸困難などの症状があります。急激な血圧低下や意識障害などアナフィラキシーショックという症状が起きた場合、対応が遅れると命にかかわることもあります。

食物アレルギーの発生を防ぐために、**アレルギー物質**の表示が義務づけられています。アレルギー物質を含む食品について、症状が重篤（じゅうとく）

アレルギー物質

特定原材料（義務表示）	卵、乳、小麦、そば、落花生、えび、かに
特定原材料に準ずる物質（表示推奨）	アーモンド、あわび、いか、いくら、オレンジ、キウイフルーツ、牛肉、クルミ、さけ、さば、大豆、鶏肉、バナナ、豚肉、まつたけ、やまいも、もも、りんご、ゼラチン、ごま、カシューナッツ

になりすいため、必ず表示しなければならない特定原材料7品目と、症例数が少ないまたは症状は軽いが表示を推奨しているもの21品目があります。原則として個別表記とされますが、原材料名の最後にアレルギー物質をまとめて記載する一括表記は、例外的に可能です。「入っているかもしれない」などの可能性表示は禁止されています。

ⓔ 遺伝子組換え食品

他の生物から有用な性質をもつ遺伝子を取り出し、その性質をもたせたい作物などに組み込む技術を利用して作られた食品を**遺伝子組換え食品**といいます。新しい性質をもった品種は、食糧問題や環境保全などに期待されています。

現在、大豆、とうもろこし、ばれいしょ（じ

遺伝子組換え食品の表示方法

分別生産流通管理※をして遺伝子組換え農産物を区分している場合およびそれを加工食品の原材料とした場合

↓

分別生産流通管理が行われた遺伝子組換え農産物である旨を表示
　例）「大豆（遺伝子組換え）」等

分別生産流通管理をせず遺伝子組換え農産物および非遺伝子組換え農産物を区別していない場合、および、それを加工食品の原材料とした場合	分別生産流通管理をしたが農産物の意図せざる混入が5％を超えていた場合、および、それを加工食品の原材料とした場合

↓

遺伝子組換え農産物と非遺伝子組換え農産物が分別されていない旨を表示
　例）「大豆（遺伝子組換え不分別）」等

※ IPハンドリングともいい、遺伝子組換え農産物と非遺伝子組換え農産物を生産・流通および加工の各段階で善良なる管理者の注意をもって分離管理し、それが書類により証明されていること。

加工食品の表示例

名称	スナック菓子
原材料名	じゃがいも（遺伝子組換え不分別）、パーム油、米油、食塩、チキンコンソメパウダー（小麦・大豆・豚肉含む）、調味料（アミノ酸等）／香料
内容量	80g
賞味期限	2021.7.25
保存方法	直射日光の当たる所、高温多湿を避けて常温で保存してください。
原産国	○○国
輸入者	△△△株式会社 東京都○×区○△○１－１－１

使用割合の多いものから順に、一般的な名称を表示

開封前の保存方法

その内容を表す一般的な名称（商品名ではない）

遺伝子組換え表示

アレルギー表示

食品添加物

アレルギー表示の個別表示例と一括表示例

個別表示

名称	ポテトサラダ
原材料名	じゃがいも、にんじん、ハム（卵・豚肉を含む）、マヨネーズ（大豆を含む）、たんぱく加水分解物（牛肉・さけ・さば・ゼラチンを含む）、調味料（アミノ酸等）……

一括表示

名称	幕の内弁当
原材料名	ご飯、野菜かき揚げ、焼き鳥、焼さば、スパゲッティ、海老フライ、煮物（サトイモ、人参、ごぼう、その他）、ポテトサラダ、メンチカツ、付け合わせ（原材料の一部に小麦、卵、大豆、牛肉を含む）、調味料（アミノ酸等）……

栄養成分表示例

栄養成分表示 冷凍チャーハン１食分（225g）当たり	
エネルギー	434kcal
たんぱく質	11.2g
脂質	13.0g
炭水化物	68.0g
食塩相当量	2.4g
ビタミン B_1	0.33mg

義務表示

任意表示

やがいも）、菜種、綿実、アルファルファ、てん菜、パパイヤの8作物のみ認められており、8作物とそれらを原材料とした加工食品に、「遺伝子組換え」または「遺伝子組換え不分別」の表示が義務づけられています。

(2)　生鮮食品

消費者に販売されるすべての生鮮食品を一般用生鮮食品といいます。

生鮮食品の表示事項

義務表示	［共通事項］名称、原産地 （放射線照射をした食品※、特定保健用食品、機能性表示食品、遺伝子組換え食品等については、適用時に表示）
任意表示	栄養成分の量および熱量

※　農作物の発芽抑制を目的に、放射線を食品に照射。わが国では、ばれいしょのみ認められている。

表示例

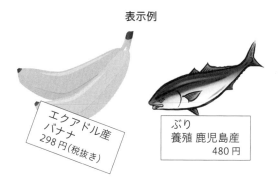

エクアドル産
バナナ
298円(税抜き)

ぶり
養殖 鹿児島産
480円

(3)　添加物

食品に添加物を使用した場合、包装・容器に入れられたすべての加工食品を対象に、原則としてすべての添加物の物質名で表示されます。表示方法については、添加物に占める重量の割合の高いものから順に表示されます。栄養強化の目的で使用されるもの、加工助剤＊1、キャリーオーバー＊2に該当する場合、添加物の表示が免除されます。

＊1　製造工程で使用されるが、除去されたり中和されたり、ほとんど残らないため、最終食品に及ぼす添加物としての効果がないもの。
＊2　食品の原材料の製造または加工過程において使用され、原材料中には含まれるが、最終食品に及ぼす添加

物としての効果がないもの。

公正競争規約

表示に関する公正競争規約は、不当景品類及び不当表示防止法（**景品表示法**）の規定により、公正取引委員会および消費者庁長官の認定を受けて、具体的で適切な表示方法を**業界のルールとして自主的に設**定したものです。表示規約では、ウソや大げさで消費者をだますような不当表示の禁止、内容品を実際の量以上に見せかけたりごまかしたりする過大包装の禁止について、規定しています。不当表示の例として、規格に合わない製品であるにもかかわらず、ナチュラルチーズやプロセスチーズなどであるかのように表示をしている、端材（肉の切れ端）を結着剤などで固めた成型肉をさいころステーキと表示しているなどがあります。

JAS 規格制度

JAS 規格制度は、日本農林規格等に関する法律（JAS法）に基づき、加工食品等の農林畜産物資について、一定の品質や特別な生産方法で作られていることを格付けする制度です。公正な第三者による検査の結果、この規格に合格したものには JAS マーク（→117頁）が付されます。

12 健康食品、サプリメントを知る

● 健康食品で病気が治りますか？
● 広告でトクホや機能性表示食品を目にしますが、違いは何でしょうか？

健康食品

　市場には、サプリメントや栄養補助食品、自然食品などいわゆる「健康食品」と呼ばれる食品がたくさん流通しています。効能・効果は、厚生労働省の承認を受けた医薬品・医薬部外品しか表示できません。健康食品は効能・効果を表示することができませんが、国が定めた安全性や有効性に関する基準等を満たした「保健機能食品制度」により、「おなかの調子を整えます」、「脂肪の吸収をおだやかにします」などの機能性を、**特定保健用食品、栄養機能食品、機能性表示食品**に限り、表示することができます。

　健康被害のリスクはあらゆる食品にあり、健康食品も健康被害が報告されています。特に、次の点には留意が必要です。

① 「天然」「自然」と書かれているものが安全であるとは限りません。天然・自然由来成分を原料とする健康食品でもアレルギーの原因となることもあります。

② 錠剤・カプセル・粉末・顆粒（かりゅう）の形態のサプリメントは、通常の食品よりも簡単にたくさんの量を摂ってしまい、身体に負担をかけることもあります。また、いろいろな種類の健康食品を同時に摂取すると、体調が悪くなることがあり、その原因を突き止めるのが難しくなります。

③ 健康食品は医薬品ではないため、医薬品と同じように使用していると、病気の治癒（ちゆ）が遅れたり、症状が悪化したりすることがあります。医薬品と健康食品を併用したいときは、医師や薬剤師に相談する必要があります。

保健機能食品と特別用途食品

(1) 特定保健用食品（トクホ）

　特定の保健機能を有する成分を摂取することにより、健康の維持・増進に役立ち、特定の保健の用途に適する旨（保健機能）を表示できる食品です。食品ごとに食品の有効性や安全性について審査を受け、表示について国の許可を受ける必要があり、消費者庁長官の許可を受けたものにマークが表示されます。

トクホのマーク

(2) 栄養機能食品

　栄養機能食品は、特定の栄養成分の補給のために利用される食品で、栄養成分の機能の表示をした食品です。国への許可申請や届出の必要

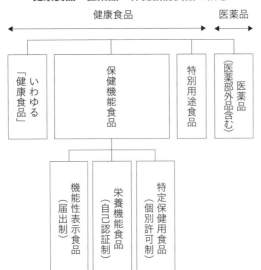

健康食品・医薬品・保健機能食品の概念

- 健康食品
  - いわゆる「健康食品」
  - 保健機能食品
    - 機能性表示食品（届出制）
    - 栄養機能食品（自己認証制）
    - 特定保健用食品（個別許可制）
  - 特別用途食品
- 医薬品
  - 医薬品（医薬部外品含む）

はありません。機能に関する表示を行うことができる栄養成分は、次のとおりです。

・脂肪酸（1種類）：n-3系脂肪酸
・ミネラル類（6種類）：
　亜鉛、カリウム、カルシウム、鉄、銅、マグネシウム
・ビタミン類（13種類）：
　ナイアシン、パントテン酸、ビオチン、ビタミンA、ビタミンB_1、ビタミンB_2、ビタミンB_6、ビタミンB_{12}、ビタミンC、ビタミンD、ビタミンE、ビタミンK、葉酸

栄養成分の機能だけでなく注意喚起表示等も表示する必要があります。

（3）　機能性表示食品

事業者の責任において、科学的根拠に基づき、疾病に罹患していない人に対し、機能性を表示した食品です。対象となる食品区分は、生鮮食品を含め、すべての食品が対象です。特定保健

用食品とは異なり、消費者庁長官の個別の許可を受けたものではなく、販売日の60日前までに安全性および機能性の根拠に関する情報などについて、消費者庁長官へ届出を行う必要があります。

（4）　特別用途食品

特別用途食品のマーク

特別用途食品は、乳児、幼児、妊産婦、病者などの発育、健康の保持・回復などに適するという特別の用途について国（消費者庁長官）が表示を許可したものです。許可が得られると、特別用途食品であることを示すマークを表示することができます。特別用途食品には、病者用食品、妊産婦・授乳婦用粉乳、乳児用調製粉乳およびえん下＊困難者用食品があります。表示の許可にあたって、許可基準があるものについてはその適合性を審査し、許可基準のないものについては個別に評価を行っています。

＊　口の中の食べ物を胃に飲み下すこと。

健康食品の効能・効果表示の禁止

いわゆる健康食品は、医薬品と誤認されるような効能・効果を表示・広告することは医薬品、医療機器等の品質、有効性及び安全性の確保等に関する法律（薬機法）において禁止されています。また、実際のものより著しく優良または有利であると誤認させるような不当表示、虚偽または誇大広告（真実でないまたは大げさな広告）など効能効果を期待させる表示・広告は、景品表示法または健康増進法において、禁止されています。事業者の違反行為が認められたときは、違反行為を取りやめるように命じたり（措置命令）、改善するよう指導したり、勧告したりします。措置命令に違反した事業者には、懲役または罰金が科されます。

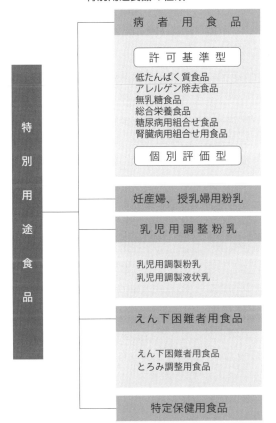

特別用途食品の種類

※　特定保健用食品については、保健機能食品制度と特別用途食品制度の両制度に位置づけられている。

13　衣服の流通と選び方

- 洋服の値段は安い物からすごく高いものまでありますが、何が違うのですか？
- どのように洋服を選べばよいのでしょうか？

衣服の製造と価格

日本では、第2次世界大戦後、洋服が一般的に着用されるようになりましたが、当初は、家庭内で作ったり、個人の体型に合わせて型紙を作って1着ずつ作られていました。その後、1970年代頃から既製服（アパレル）が一般的となり、現在、衣服はそのほとんどが工業製品として大量生産されています。おおむね「繊維→糸→生地（織物・編物）→染色・加工→縫製→衣服」という流れで出来上がります。通常、それぞれの工程にメーカーがあり、それを次の工程に販売するときには問屋が入ることが一般的でした。それを、製造小売業（SPA）と呼ばれる企画から生産、販売までを1つの企業で行う業態ができ大量生産を前提として、手ごろな価格で消費者の手元に衣服が届くようになりました。そして、その生産のほとんどが製造コストを考慮して、中国をはじめ、タイやベトナム等の東南アジアなど、より人件費が安価な地域に移っています。

また、衣服の価格に大きな影響を与えるものに原材料の価格があります。たとえば、綿100％のシャツを考えてみましょう。

綿繊維は繊維の長さなどでグレード分けされ、超長繊維綿・長繊維綿・短繊維綿のように分類することができます。超長繊維綿は原綿が高品質で、細番手の糸ができ、生地にすると光沢がありしなやかでデリケートに出来上がります。その高級な生地は裁断や縫製をするときにも細心の注意を払いながらの製造となり、生産性は低くなります。さらに超長繊維綿は生産量が少ないため、稀少性もあります。

一方、短繊維綿は低いグレードに分類され、糸は太番手で細番手の糸を作ることはできません。この糸で作られる生地は、タオルやデニムで風合いや外観は光沢が少なく丈夫で、裁断や縫製において高い生産性を保つことができます。その結果、一般的に超長繊維綿で作られた製品の価格は高額で、短繊維綿の製品の価格は安価となります。

高級ブランドの製品は、先の例のように使用する材料が高級であるために商品価格が高額になることが1つの要素ですが、さらに1種類のデザインの製造枚数を少なく計画し、ブランド価値を保つことにより、購入者が満足感を得られるといった要素があります。

原綿の比較

	超長繊維綿	短繊維綿
繊維長	28mm〜38mm	20mm 以下
糸番手	80番手以上	20番手以下
生産量	少	多
生地の風合い・外観	光沢ありしなやか	光沢少ない地厚感あり
主な用途	ブラウスなど	タオルなど
価　格	高価	安価

衣服の購入

消費者がどこで衣料品を購入しているのか、過去10年（2008年〜2017年）の購入販路の拡大・縮小をみてみましょう。「百貨店29％→19％、量販店16％→11％、専門店47％→56％、通信販売8％→14％」（繊研新聞2018年11月9日）となっています。百貨店・量販店での購入

が減る一方、専門店・通信販売での購入が増えています。専門店は主にショッピングモールやアウトレットで、通信販売は従来のカタログ販売に代わって、インターネットの普及により急速に拡大したインターネットショッピング（ネットショッピング）になっています。ネットショップでの購入は若年層ではスマートフォン、高齢になるほどパソコン、と使用するデバイスは変化するものの、多くの消費者がネットショップを利用しています。

　衣服の通信販売はこれまでも、生地の風合いや色・サイズなどが購入後、手元に届くまで確認することができず、カタログや画面で見てイメージしたものと異なることがあり、問題となっていました。このような点について、生地の拡大写真を見せるなどの工夫をしたり、衣服をサイズの違うモデルに着用させたりして、現物をイメージしやすくする工夫がみられるようになりました。また、スマートフォンを利用して専用のアプリで自分の写真を写すと身体寸法が計測でき、そのサイズに従って衣服の購入ができるようなサービスも登場しています。

　ネットショップでは購入する方式のほかにサブスクリプション方式、つまり、毎月定額を支払うと契約したコースに応じて、衣服や靴・時計・バッグなどがレンタルでき、使用後に返却するが、気に入ったものは購入することができるといったサービスも始まっています。このようなサービスは、通常であれば自身で選択しないようなファッションに気軽にチャレンジできたり、パーティーなど特別な場面で高級品を利用できたり、といったメリットがあるので、うまく利用したいものです。

　一方で、購入されなかった商品はサブスプリクション業者に返品され、その後どのようになっているのか、情報公開されていませんが、再利用などの活用が今後の課題となっています。また、その購入履歴などから嗜好の提供やそれ

以外にもさまざまな個人情報をその企業に提供しているとの認識をもつことが必要です。

エシカルファッションという選び方

　衣服は素材を作り廃棄するまで、すべての過程で環境への負荷がかかっています。近年、衣服にお金をかけずにファッションを楽しむ消費者が多く、そういった考え方が主流でしたが、どのようにすれば環境への負荷を少しでも少なくできるのか、といった視点も加味しながらおしゃれを楽しむ流れが始まっています。これを**エシカルファッション**といいます。

　日本発信のエシカルファッション推進団体（Ethical Fashion Japan）では、ファッションを可能な限り環境への負担を減らして楽しむために、次の視点を提案しています。

①　フェアトレード（公平な貿易）

　　対等なパートナーシップに基づいた取引で、不当な労働と搾取をなくすことです。厳格な基準をクリアした、FAIRTRADE認証を受けているもの、認証は受けていないが、独自の工房などを運営するなどして、公正な取引、労働環境の保証を行うものなどがあります。

②　オーガニック（有機栽培）

　　化学合成農薬や**化学肥料**に限らず、有機肥料などで土壌のもつ力を生かした農法で生産された素材を使用することです。**化学（合成）農薬・化学肥料**、そして環境ホルモンや遺伝子組換え技術を避け、環境への負荷をできる限り限定して作られています。コットンに関しては世界的な基準が設けられており、労働者の雇用条件・労働環境についても指導されます。

③　アップサイクル＆リクレイム（廃棄物の活用）

　　捨てられるはずだったものを活用することです。アップサイクルとは、質の向上を

伴う再生利用のことを指します。リクレイムとは、デッドストックの素材や在庫商品などを回収して利用することです。

④　サステナブル・マテリアル（持続可能素材）

環境負荷がより低い素材を使うことです。たとえば、生産時の水・エネルギー使用量が少ない素材、生分解スピードの速い素材、リサイクルしやすい素材、エコ加工を取り入れた素材などがあります。

⑤　クラフトマンシップ（伝統技術の活用）

伝統技術・工芸を取り入れたものづくり、丁寧な手仕事で作られていた頃のヴィンテージ品を取り入れたものづくり、高度な熟練の技術をもって作られたものづくりなど、昔から受け継がれてきた文化・技術を未来に伝え残すような取組みを指します。これらは文化・歴史のうえに成り立つものであり、それらを受け継いでいくことも大切です。

⑥　アニマルフレンドリー（動物福祉）

ヴィーガン（動物性原料を一切使用しないこと）、または、何らかの形で動物の権利や福祉に配慮したものづくりのことです。古来よりファッションは、レザーやファーなど、動物の生命を犠牲にして発展してきました。命をいただいている事実を自覚し、食肉産業の副産物として得られたレザーやファーを使用する取組みです。

⑦　ウェイストレス（ごみ排出削減）

衣料品のライフサイクル（資源の採取から製造、使用、廃棄、輸送などあらゆる段階を含める）の中で、ごみ、無駄が出る前にそれらを抑えるための取組みで、ゼロ・ウェイスト・デザイン、ホールガーメント®などがあります。

⑧　ソーシャルプロダクツ（社会貢献）

NPO や NGO 団体への寄付につながっている福祉作業所が途上国の人々によって作られた商品を販売するなど、**社会貢献活動**とかかわりがある製品のことです。

エシカルファッションは世界の有名ブランドでも取組みが始まっており、「毛皮の代わりにフェイクファーを使用する」、「オーガニックコットンを使用する」などの動きがみられます。このように環境を意識した流れは、2020年のアカデミー賞の授賞式においてもみることができます。これまではこの授賞式のために作られた衣服の着用は授賞式一度きりとすることが当たり前でしたが、サステナビリティを意識したファッションが多くみられ、過去に着たドレスに手を加えたり、オーガニック素材を使用したり、ドレスコードがサステナビリティであったこともありさまざまな取組みがありました。

長くおしゃれを楽しむために

また、日本の伝統的な衣服である着物は、汚れやすい襟の部分に共布で取り外ししやすいようにかけ衿をして、メンテナンスしやすくしています。全体を洗うときには解いてから洗い張りをして、傷んでいるところのパーツを取り替えるなどして長く着用し続けることができます。現在、洋服でも着物の洗い張りのようなことができないかとの考えがあります。これまでの衣服のように糸と針を使って縫製するものではなく、パーツの接合を、たとえばボタンをとめるような方法で組み立てることで、何回でも容易に作り直せるようになり、着用者それぞれの身体寸法にあった、またそれぞれの感性にあった衣服を作ることができます。こういったシステムを考案して世界的に有名なパリオートクチュールコレクションで発表する日本人デザイナーも現れました。これまでの概念とは違った生産システムができれば、大量生産では手に入れることのできない1点物の満足感のある豊かな衣生活を送ることができるでしょう。

14　衣服の安全性と品質表示を知る

● 新しく買った服は洗ってから着たほうがよいといいますが、どうしてでしょうか？
● 私と母の体型が違うのに服のサイズが同じなのはなぜでしょうか？
● 服の適切な洗濯方法はどのように判断すればよいでしょうか？

衣服の安全性

　身体を取り巻く最も身近な「環境」である衣服には、身体を保護し安全を守るという基本的な役割があります。当然、衣服そのものが安全でなければなりません。毎日着用し洗濯・着用を繰り返す衣服は、私たちにとって大変身近な存在であるがゆえに、何となく「安全・安心」が確保されていることが当然との認識をもってしまいがちではないでしょうか。

　2019年度に国民生活センターが運営する全国消費生活情報ネットワークシステム（PIO-NET）に寄せられた相談件数のうち安全・衛生に関する相談は衣料品全体の1.5％程度で毎年大きな増減はなく、危害情報でも重篤な危害におよぶ相談事例も多くはありません。しかし、安全性を確認された染料や加工剤で過去から長い間使用されてきたものでも、加工方法を変えて使用したことにより、考えもしなかった重篤な健康被害が発生することもあります。また、相談に至らなくても着用時に何となく違和感があったり、大事に至らないながらも「ヒヤリ・ハッと」したりするなど、小さなトラブルを経験した人も多いのではないかと思います。

　衣服に起因する安全性に関するトラブルの原因は、大きく物理的な要因と化学的な要因の2つに分けることができます。

物理的なトラブル

(1)　トラブル事例
〔事例1〕　羊毛や、獣毛でチクチクした。

〔事例2〕　ネーム・タグが肌にあたったときに、刺激やかゆみを感じた。

〔事例3〕　電車やエレベーターのドアやエスカレーターに衣服が挟まれた。

〔事例4〕　スカートの裾やロングマフラーが、自転車やバイクに巻き込まれ転倒した。

〔事例5〕　子ども服のフードやひもが公園の遊具やドアなどに引っかかり、窒息しかけた。

〔事例6〕　ガスコンロに火がついていたときに奥にある鍋を取ろうとして袖の表面を火が走った（表面フラッシュ＊1）。または、衣服が燃え大やけどを負った。

〔事例7〕　加圧式のスパッツとサポーターを重ねて着用したところ、圧迫が強すぎて脚がつった。

〔事例8〕　パジャマを購入し、着用時にチクッと刺すような痛みを感じたのでよく見ると折れた針が見つかった。

＊1　衣服の端に着火し、一瞬のうちに衣服の表面に炎が走る現象。炎に驚き、持っていた鍋を落としたり、あわてて転んだりするといった二次被害もあります。

(2)　対応策
　①試着などで肌触りを確認しましょう（事例1・事例2）。②スカート丈が長い、ひもやフードがあるなど引っかかったり挟まったりしやすいデザインの衣服を着ているときは、着用者自身が危険性のある衣服を着用していることを意識して行動することが重要です（事例3）。しかし、着用者が子どもや高齢者の場合は、自身で気をつけることは難しいため、購入時に長いひもやフードのないデザインの衣服を選ぶこ

とが必要です（事例4・事例5。JIS L4129（子ども用衣料の安全性）——子ども用衣料に附属するひもの要求事項＊2）。高齢者では、袖口や裾（すそ）が広がったデザインの衣服は、表面フラッシュの事故が起こりやすくなりますから、家事をするときには着用しないように家族が注意しましょう（事例6）。③加圧式の衣服など着用に注意が必要な衣服には、注意表示が付いています。たくさんのタグが付いていてよく読まずに、捨ててしまいがちですが、何が書かれているのか、確認する習慣をつけることも大切です（事例7）。④折れ針の混入などのように、消費者では防げないような事故が発生する場合もあります（事例8）。何か問題が発生した場合は、消費生活センターや企業の相談窓口に連絡するようにしましょう。

＊2　2015年12月21日制定のJISで子ども用衣服にひもをデザインする場合の位置や長さなどを規定しています。

化学的なトラブル

（1）　トラブル事例

〔事例1〕　ドライクリーニングから戻ったばかりの衣服に、異臭を感じつつ着用した結果、湿疹ができた（化学やけど＊3）。

〔事例2〕　イベントで配布されたTシャツを着て海に入ったところ、肌がひどくかぶれ、やけどのように赤く腫れあがった（化学やけど）。

〔事例3〕　UVスプレー（日焼け止めスプレー）などの衣料用スプレーを室内で使用し、呼吸困難になった。

〔事例4〕　隣家の洗濯で使用している柔軟剤の臭いがきつく、頭痛やめまい、吐き気がした。

＊3　化学やけど：刺激性の高い化学物質が皮膚や粘膜に直接触れることで、組織に損傷が生じること。

（2）　対応策

化学的な原因によるもののうち、誰が着用してもかぶれてしまうような事例は極めてまれで、多くの事例は事故が発生した当事者のアレルギー反応であったり、着用した日の体調の影響があったりして、発生原因の特定に至らない事例が多く見受けられます。

①ドライクリーニング溶剤が残っていた衣服を着用した場合は、すべての人が化学やけどを発症します。クリーニング後の衣服で異臭を感じた場合は、臭いがなくなるまで風通しのよい場所で日陰干しをしてから着用するようにしましょう（事例1）。②生地には仕上げをするときに必ずいろいろな化学物質を使用していますから、洗濯をしてから着用する習慣をつけたほうが安心です（事例2）。③衣類用のスプレーで紫外線防止やはっ水性の機能を付加したり、日常の洗濯で使用する柔軟剤を使用したりする場合は使用方法や標準使用量を守ることで、安全に機能性を付加して着用することができます（事例3）。臭いについては、同じ成分・使用量であってもよい香りと感じたり、臭いと感じたりその感じ方は個人差が大きく、第三者への配慮が必要です（事例4）。

衣服のサイズ

衣服を素敵に着こなすには、自分の体に合ったサイズを選ぶことが大切です。既製服のサイズは、その服の寸法が表示されているものではなく、衣服を着用する人の身体寸法（ヌード寸法）が表示されています。たとえば、ウエスト64cmと表示されているスカートのウエスト寸法は64cmにゆとり量を加味した寸法に仕上がっていて、ウエストのヌード寸法が64cmの人が着用するように設計されています。

サイズ表示は、消費者が自分の身体に合った衣服を購入するために必要な表示であることから、JIS（日本産業規格）で乳幼児用衣料、少年用衣料、少女用衣料、成人男子用衣料、成人女子用衣料、ファンデーション（下着類）、靴下類のサイズ、それぞれの規格があります。いず

れの規格でも衣服の種別ごとに表示するべき「基本身体寸法」、「特定衣料寸法」*4とその表示順位などが規定されています。

＊4　ペチコートの丈や裾上げされたズボンの股下丈など、当該衣料品の実寸法を表示することと規定されている衣料品の部位があります。

婦人服で7号、9号、11号などの呼び方は、バストサイズに基づいていますが、ウエストサイズは年齢によって基準寸法が異なっているため、同じ9号サイズでも20代が64cmであるのに対して50代は67cmになります。

さらに、体型区分はA、Y、AB、B体型の4種類があり身長はR、P、PP、Tの記号で表示されています。もっとも一般的な「9AR」と表示されている衣服は身長158cm、バスト83cm、ヒップ91cmで日本の成人女子で最も多くみられる身体寸法です。

また、JISのサイズ表示では、前述の着用対象者ごとの規格の中でアイテムやフィット性の有無によって、表示する基本身体寸法や表示の仕方が単数表示（ウエスト64cm）でするのか、範囲表示（ウエスト58cm～64cm）にするのかなど、表示ルールが規定されています。規定されている基本身体寸法以外のサイズを表示する場合は、基本身体寸法と区分線で区切って追加表示することができます。

JISに沿ったサイズ表示はメーカーの任意とされていますが、消費者が選びやすいように、ほとんどの製品に付けられています。JIS以外

各国のサイズ呼び方　（単位は cm）

ヌード寸法*	バスト	77	80	83	86
	ウエスト	61	61	64	67
	ヒップ	87	89	91	93
日本	S/M	XS	S	M	L
	号	5	7	9	11
アメリカ		0-2	2-4	6-8	10
イタリア		34	36	38	40
イギリス		4	6	8	10
フランス		32	34	36-38	40

（JIS L4005（成人女子用衣料のサイズ）表2.3引用）

スカート丈を追加する場合の表示例

サイズ	
ウエスト	64
スカート丈	75
M	

に各国のサイズ表示に基づいた製品も多く販売されています。

組成表示

組成表示は家庭用品品質表示法に基づいて、繊維製品にどのような繊維を使用しているかを表示するものです。表示する繊維名は「指定用語」として定められた名称を使用することとされており、綿繊維であれば「綿」、「コットン」、「COTTON」のいずれかで表示しなければなりません。「インド綿」としたり「ベンベルグ®」といった商標を用いたりして表示することはできません。

また、ほとんどの製品は原則、すべての繊維名とその質量割合を百分率で表示することとされていますが（全体表示）、特例としてブラジャー・靴下・レースなどは、使用している繊維の種類が多く複雑に構成されているという理由で、繊維名称のみを使用量の多い順に表示することが認められています（列記表示）。列記表示の場合は、使用量の多い順に2種類の繊維名を表示し、第3位以下の繊維名をまとめて「その他」と表示することができます。

指定用語が定められていない新素材は、たと

全体表示の例

綿	65%
ポリエステル	35%

列記表示の例

ナイロン
綿
その他

47

えば「植物繊維（ヘンプ）」や「合成繊維（エクス®）」のように、その繊維の名称を示す用語または商標をカッコ内に付記して表示することができます。このカッコの前の部分を見れば、新素材であっても植物由来なのか、合成繊維なのかなど、大まかな分類を知ることができます。

どのような繊維が使用されているかを知ることで、吸湿性があるのか、洗濯後にしわが発生しやすいか、日常着として丈夫な製品か、デリケートで取扱いに注意が必要かなどを予測して衣服を購入することができます。

取扱表示

取扱表示は、組成表示とともに家庭用品品質表示法で義務づけられている表示内容です。具体的には JIS L0001 に規定されたとおりに表示しなければならず、国際標準化機構（ISO）規格に整合されていますので、世界中で共通認識できる表示です。

ISO 規格の中心であるヨーロッパでは、高温でドラム式洗濯機を使用して洗濯し、タンブル乾燥機で乾燥することが一般的で、自然乾燥することはほとんどありません。日本の洗濯は常温で取扱表示の意味では「弱い洗濯処理」での表示記号が付けられている繊維製品が一般的です。

さらに取扱表示は、消費者が洗濯等のケアを間違わずに行うために必要な情報ですから、記号の適用として、繊維製品のケアに関する情報ははっきり読み取れる大きさで印字し、その製品を使える間は表示内容が消えたり、表示ラベルが取れたりすることがないようにとされています。

衣服の品質表示

販売される繊維製品には、「サイズ」、「繊維組成」、「取扱い」のほかにも、法律や JIS、業界団体やメーカーの自主的なルールに基づいた

よく見かける処理記号と意味

家庭洗濯　洗濯温度40℃以下で弱い水流で洗濯で洗濯機で洗える（全自動洗濯機の標準コースに相当[1]）		
漂白　酸素系漂白剤で漂白ができる		
乾　燥	タンブル乾燥[2]　80℃以下でタンブル乾燥できる	
	自然乾燥　吊り干しで日向干しができる	
アイロン　中温アイロンできる		
商業クリーニング	ドライクリーニング　石油系ドライクリーニングできる	
	ウエットクリーニング　商業クリーニングの弱い水洗いができる	

（ドライクリーニング、ウエットクリーニングは、51頁を参照）

[1]　日本は水質がヨーロッパに比べてよいため、標準的な洗い方は機械力は弱くても汚れは十分に落ちることがわかっています。

[2]　タンブル乾燥機とは家庭用のドラム式衣類乾燥機や洗乾一体型洗濯機の乾燥機を指す。

さまざまな品質表示がついています。

原産国表示は、表示することを必須項目とされているものではありませんが、消費者にとってどこの国で生産されたものかを知ることは、衣服を購入するときの情報として重要な内容で、正しく表示されていることが求められます。そのほかに自主ルールとして、ウールマークや機能性加工が施されている製品に付けられるSEK マークなどがあり、業界で定められたルールに従って性能が保証されていることを、そのマークによって知ることができます。

15 衣服のケア

● お気に入りの服だったのに洗濯したら、だめになってしまった。どうすればよいですか？
● 洗剤の種類がいっぱいありますがどのように使い分けたらよいでしょうか？
● 衣替えは、どうすればよいでしょうか？

家庭洗濯

衣服は、一部に使い捨てのディスポーザブルウェアの下着などがありますが、基本的には着用したら、洗濯やアイロンがけをして繰り返して使用します。衣服の取扱表示を見て（→48頁、51頁参照）、家庭洗濯できるものの場合、まず洗濯機が使用できるか、手洗いしなければならないかを確認します。洗濯機を使用できる場合でも洗濯ネットの使用について取扱表示に付記用語として、「洗濯ネット使用」のように表示されている場合があります。その場合は洗濯物をたたんで洗濯ネットに入れるようにしましょう。手洗い表示の場合は、40℃以下の洗濯液の中で押し洗いや振り洗いをしてください。もんだり、こすったりするのは手洗い表示で想定されている洗い方ではありません。また、全自動洗濯機の「手洗いコース」、「ドライコース」などを使用できる場合もありますから、洗濯機の取扱説明書などで確認してうまく洗濯機を使うようにしましょう。

洗濯機には、タテ型、ドラム式、二槽式の種類があります。それぞれに特徴がありますが、いずれのタイプでも、洗濯物を詰めすぎないように（洗濯槽の8割以下）注意することが大切です。詰めすぎると洗濯槽の中で洗濯物が十分に撹拌されないため、汚れが十分に落ちなかったり、すすぎ不足になったり、洗剤成分が残ってしまうなどの原因になります。また、ドラム式では洗剤が泡立ちすぎるとその泡がクッションの役目となり洗浄力が低下する原因となりま

すので、専用の洗剤を使用するほうがよいでしょう。

洗濯用の洗剤や石けんは家庭用品品質表示法で、品名のほかに使用されている界面活性剤の種類や液性・用途などを表示することが定められています。品名が「洗濯用合成洗剤」、「洗濯用石けん」、「洗濯用複合石けん」と表示されているものを使用し、さらに繊維製品に付いている取扱表示の付記用語に「中性洗剤使用」と表示されている衣服には、洗剤の用途が「毛・絹・綿・麻・合成繊維用」を使用しなければなりません。液性が中性であっても用途に毛・絹が表示されていない洗剤もあるため、特に注意が必要です。毛や絹に使用できる中性洗剤のボトルには「おしゃれ着用洗剤」と表示されていますから、これを目安にしてもよいでしょう。

さらに、洗濯用洗剤の中に「ドライクリーニング洗剤」のうたい文句で販売されているものがありますが、このような洗剤を使用してもクリーニング店で行われるドライクリーニングは家庭でできるものではありません。このようなうたい文句の洗剤でも、きちんと家庭用品品質表示法に基づいた品質表示がされていますから、

洗濯用洗剤、石けん

種 類	液 性	用 途
石けん	弱アルカリ性	綿・麻・合成繊維用
合成洗剤	弱アルカリ性	綿・麻・合成繊維用
	中性	綿・麻・合成繊維用
		毛・絹・綿・麻・合成繊維用（おしゃれ着用）

その内容を確認して使用するようにしましょう。

　洗濯時には、シミや黄ばみなどの頑固な汚れを取る目的で、衣料用漂白剤を使用する場合があります。漂白剤も洗濯洗剤と同様に、いろいろな種類があります。漂白剤を使用することによって、繊維製品の白物はより白く、色柄物はすっきりと仕上がりますが、漂白剤は汚れを落とすものではなく、汚れの色素を化学的に分解しているものですから、見た目がきれいになっていても色素以外の繊維上の汚れの成分は残っています。漂白剤を使用するときは洗剤と一緒に使用しましょう。洗剤の力で汚れを落とし、かつ漂白して見た目をきれいにするものです。また、漂白剤は塩素系と酸素系を混ぜると有毒な塩素ガスが発生しますので、漂白剤は必ず1種類だけを使用し、2種類以上の漂白剤を混ぜてはいけません（下の表参照）。

　さらに、洗濯の仕上げに柔軟剤を使用することもありますが、柔軟剤は陽イオン（カチオン）系合成界面活性剤が使用されているものが多く、この界面活性剤を繊維の表面に残すことで、柔らかな風合に仕上げています。標準使用量よりも多くすると、さらに柔らかくなりますが、縫目が開きやすくなったり、生地に目寄れ（縫糸がずれて織り目が開いたりつまったりすること）が発生したり、外観が悪くなることがあります。また、陽イオン系合成界面活性剤は洗剤の主成分の陰イオン（アニオン）系界面活性剤に比べて、皮膚への刺激が強く、アレルギーの原因になりやすいことも知られています。また、最近は洗濯ビーズといわれる香り付けや消臭に特化した洗濯用の仕上げ剤を使用されることが増えており、香りの付けすぎによる健康被害の発生の報告もあります。柔軟剤や洗濯ビーズの標準使用量はきちんと守って使用することが重要です。

　洗濯物は、洗った後乾燥しなければなりませんが、タンブル乾燥機＊を使用できるか、自然乾燥でも日陰干しが必要か、吊り干しできるか平干しが必要かなどを取扱い表示で確認して、乾燥するようにしましょう。洗濯で発生したしわを手で伸ばし形を整えて干せば、アイロンがけの手間が減ります。乾燥機の使用は、雨の日が続いたり屋外に干すと花粉などの付着が気になったりする場合に有効ですが、タンブル乾燥できないと表示されている衣服で使用すると、大きな収縮が発生したり、形態変化が発生したりして着用できなくなりますから、取扱表示でよく確認するようにしましょう。

　アイロンがけは使用されている繊維組成にあわせて温度を設定し、あて布を適宜使用するようにしましょう。合成繊維は熱可塑性のあるものが多く、高温でアイロンがけすると繊維が溶けて固まり（溶融硬化）、生地が固くなってしまうことがあり、このようになったものは元に戻すことはできません。

＊　洗濯または商業クリーニング処理後の繊維製品に残留している水分または溶剤を、回転ドラム中で熱風によって除去する処理（JIS L0001（繊維製品の取扱いに関する表示記号及びその表示方法）より）。

衣料用漂白剤

成　分	代表的な成分の種類	特　徴
塩素系	次亜塩素酸ナトリウム	液体、漂白力が強いため色柄物には使用できない。綿・麻・ポリエステル・アクリルの白物にのみ使用できる。
酸素系	過炭酸ナトリウム	粉末、塩素系より漂白力が弱く色柄物に使用できる。液性が弱アルカリ性であるため、毛・絹には使用できない。
	過酸化水素	液体、塩素系より漂白力が弱く色柄物に使用できる。液性は中性で毛・絹にも使用できる。
還元系	二酸化チオ尿酸	液体、サビ汚れや血液汚れに対するしみ落とし。色・柄物やファスナー・スナップボタンなど金属がついている製品には使用できない。

商業クリーニング

商業クリーニングは大きく3種類に分けることができます。①ドライクリーニング、②ウエットクリーニング、③ランドリーがあります。

①ドライクリーニングとは水を使用せずに有機溶剤で繊維製品を洗濯するものです。有機溶剤はパークロロエチレン、石油系、フッ素系が使用されていて、それぞれに特徴があります。パークロロエチレンとフッ素系の溶剤は特に環境への影響が大きいため、クリーニングの開始から乾燥が終了するまで、機械の蓋（ふた）を開けることができない装置でわずかでも溶剤が外に漏れることがないようにクリーニングされます。一方、石油系の溶剤は沸点が低く引火しやすい特徴があり、いずれの溶剤も外部に漏れないよう注意が必要です。家庭洗濯では、洗濯した後の

排水は流して新しい水ですすぎますが、ドライクリーニングでは、同じ溶剤の汚れを取り除きながら繰り返し使います。クリーニング店で使用されている溶剤の管理状況は消費者にはわかりませんので、衣類に異臭（溶剤の臭い）がしたり、白や薄い色の衣類が黒ずんで仕上がってきたりといった場合は、注意が必要です。特に異臭がするときは、風通しのよい場所で臭いが取れるまで、乾燥してから着用しましょう。

②ウエットクリーニングとは、家庭での水洗いとは違い、クリーニング店が特殊な技術で行うプロの水洗いと仕上げです。家庭では仕上げが難しいなどの理由で、取扱い表示の家庭洗濯記号は禁止となっていても、商業クリーニングの水洗いができると表示されている衣服に対応して行われるプロの水洗いのことです。ドライクリーニングでは水溶性の汚れを落とすことは

取扱表示の例と意味

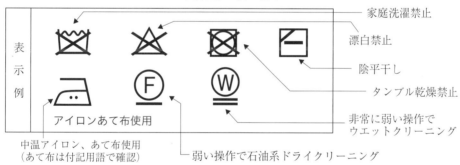

表示例

- 家庭洗濯禁止
- 漂白禁止
- 陰平干し
- タンブル乾燥禁止
- 非常に弱い操作でウエットクリーニング
- 弱い操作で石油系ドライクリーニング
- 中温アイロン、あて布使用（あて布は付記用語で確認）
- アイロンあて布使用

取扱表示記号のポイント

基本記号と付加記号や数字の組合せです。
記号は取扱い方の上限なので、それよりもやさしく取り扱いましょう。

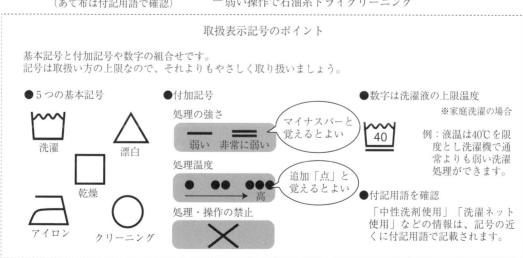

●5つの基本記号
洗濯　漂白　乾燥　アイロン　クリーニング

●付加記号
処理の強さ　弱い　非常に弱い（マイナスバーと覚えるとよい）
処理温度　低　→　高（追加「点」と覚えるとよい）
処理・操作の禁止

●数字は洗濯液の上限温度
※家庭洗濯の場合
例：液温は40℃を限度とし洗濯機で通常よりも弱い洗濯処理ができます。

●付記用語を確認
「中性洗剤使用」「洗濯ネット使用」などの情報は、記号の近くに付記用語で記載されます。

できませんから、夏物などで、汗などの水溶性汚れが付いたデリケートな衣服には有効な洗濯方法です。ドライクリーニングに比べて価格を高くしているクリーニング店が多いでしょうが、クリーニング店で依頼するときに積極的に利用したい洗い方です。

　③ランドリーは、ウエットクリーニングと同様にプロが行う水洗いですが、ウエットクリーニングがデリケートな衣服に対応しているのに対して、高温でアルカリ剤や漂白剤を使用してワイシャツやシーツなどをしっかりと洗う洗濯方法です。ワイシャツなどは家庭洗濯では襟や袖口などに皮脂汚れが蓄積して黒ずみや黄ばみの原因になりますが、何度かの洗濯のうち、時々ランドリーで洗濯することで清潔に保つことができます。ただし、ランドリーでは洗濯後、濡れた状態のままアイロンがけをして仕上げますので、使用している芯地と生地の相性が悪かったりすると襟先がはね上がったり、ボタンが割れたりする等の不良が発生する場合があります。

　さらに、商業クリーニング後の衣類には、ビニール製のカバーがかけられていますが、このカバーは保管を目的としたものではありませんので、家に持ち帰ったら外すようにしましょう。このカバーが原因で保管中に変色する場合もあります。クリーニング店は近くて安いお店を選びがちですが、クリーニング方法や洗濯物を引き取るときに衣服についている組成表示や取扱表示を確認し、洗濯方法についてきちんと説明してもらえるお店を選ぶようにしましょう。店先に「LDマーク」、「Sマーク」（→118頁）などが表示されている店は、全国クリーニング生活衛生同業組合連合会の加盟店であったり、厚生労働大臣の認可を受けて設定されている標準営業約款制度に登録されている店舗ですから、クリーニング店を選ぶ際の目安とするとよいでしょう。

　そのようにしていても、クリーニング後の洗濯物の色が部分的に変わっていたり、穴が開いたりといったクリーニング事故が発生する場合があります。不幸にも、クリーニング店の不注意で変色や穴が開くなどの不具合が発生することもありますが、クリーニングを適切に行っても何年も着用している衣服の場合は、クリーニング後に変色や破れに気がつくことがあります。洗濯前には汚れによって見えない変色が発生していたり、繰り返しの着用で生地糸が弱っていたりした場合は、クリーニング処理で汚れが落ちて変色が目立つようになることがあります。また、その部分に洗濯機械力が加わって生地糸が切れて穴あきといった事故が発生することもあります。

　さらに、ポリウレタン樹脂を使用した合成皮革、ポリウレタン樹脂を接着剤として使用したボンディング品、縫製する代わりに接着剤などにより接合した接着縫製品など、さまざまに加工された製品がありますが、加水分解により樹脂がべたつき他のものにくっついたり、生地の表面にコーティングされていた被膜がひび割れて外観が悪くなったり、接着されていた箇所がはがれてしまったりといった不具合が発生することがあります。このような不具合についても、クリーニングによって顕在化する場合がありますから、クリーニング品を受付時にていねいに確認してもらえ、注意事項について適切に説明してもらえる店を選ぶようにしましょう。

　さらに、クリーニング店に預けた商品は仕上がり後、なるべく早く引取りに行くことを心がけるようにしましょう。クリーニング店に衣類を預けてから90日を過ぎても引取りに行かなかったときに、変色や虫食いが生じるなどトラブルがあった場合は「クリーニング事故賠償基準」に基づいた補償を受けられない場合があります。また、受け取ったクリーニング品は仕上がりをチェックして保管するようにしましょう。

52

主な衣類用防虫剤

種　類	特　徴
しょうのう	クスノキを原料とする天然の防虫剤。強く刺すような香りがある。
ナフタリン	コールタールを原料とする合成防虫剤。強い刺激臭がある。
パラジクロルベンゼン	石油を原料とする合成防虫剤。強い刺激臭がある。ラメ糸や金糸など金属の光沢がなくなることがある。
エンペントリン（ピレスロイド系）	臭いが付かない衣類用防虫剤、他の衣類防虫剤と一緒に使用できる。いろいろな形状のものがあり、クローゼットや収納ケースなど用途によって使い分けしやすい。

この時にも何か不具合があった場合は、引き取った後6カ月以内であればクリーニング事故賠償基準に基づいた処理をしてもらえますが、過ぎてしまうとクリーニング店の責任はなくなることとされています。

クリーニング事故賠償基準はクリーニング業界の自主基準ですから、業者に問題がある場合には上記の期間が過ぎた後でも民法などに基づいて責任を追及することもできますが、消費者としてできることは責任をもって行うように心がけることが大切です。

衣服の保管

日本では春と秋には衣替えをする習慣があります。衣替えは単に夏服と冬服を入れ替えるだけでなく、防虫剤を正しく使用して次シーズンに気持ちよく着ることができるようにしたいものです。日本にいる衣類害虫は、甲虫のヒメカツオブシムシ、ヒメマルカツオブシムシ、蛾の仲間のイガ、コイガの4種類があげられます。いずれも成虫が室内で卵を産み付け、孵化した幼虫が衣服に残っていた汚れや動物性繊維をエサとして食べるために衣服が食害にあい穴が空

くことがあります。カツオブシムシ、ヒメマルカツオブシムシは4月〜5月に大量に発生しますが、イガ、コイガは真冬以外、1年を通して発生する害虫です。これらの衣類害虫はタンパク質を栄養源としますので、カシミアなど繊維が細くて柔らかな毛や絹が特に食害にあいやすい素材ですが、綿などのセルロース系の繊維や合成繊維でもクリーニングをせずに保管すると、食害にあうことがあります。また、防虫剤はいろいろな種類がありますので、正しく使用することも大切です。

いずれの衣類用防虫剤も、成分が空気中に昇華して害虫の卵・幼虫などに作用して食害を防ぎます。クローゼットなどに収納する場合は収納カバーに防虫成分が付いているタイプのもの、タンスの引出しや衣装ケースで保管する場合はシート状のものをできるだけ密閉した空間で使用し、衣服の詰めすぎに注意します。防虫剤は空気より重いので、保管場所の一番上に防虫剤を置くようにしましょう。また、ピレスロイド系以外の防虫剤は他の種類の防虫剤と混在して使用すると、昇華した防虫剤の成分が空気中で混ざり、液体になって衣服のシミの原因になりますから、違う種類の防虫剤を一緒に使うことは避けましょう。

衣替えでは、それ以外にも、洗濯やクリーニングをしてきれいに汚れを落とし、よく乾燥させ、ホコリがない場所で保管することを心がけましょう。

安価な衣服を購入して、1シーズンごとに買い替えておしゃれを楽しむといった考え方もあります。しかし、上質なものを選ぶ目をもち愛着をもって長く着用し続けることは、持続可能な社会づくりに向けて考えることにもつながっていくことでしょう。

53

16　賃貸住宅を上手に借りる

● アパートなど賃貸住宅を借りるときに注意することは何ですか？
● 入居中の家主との関係について、ルールはありますか？

賃貸住宅を探して、借りる

　不動産業者（宅地建物取引業者（宅建業者））に、**宅地建物取引業法の免許**があることを確認しましょう＊1。

　探している地域の宅建業者に直接出向いても、まずインターネットで、家賃や間取りの見当をつけてから宅建業者に出向いてもかまいません。ネットで好条件の物件を見つけたときは、時々「おとり広告」＊2があるので、出向く前に電話をして、それが契約可能かどうかを確かめるほうが確実です。

　宅建業者では、いくつか候補をもらい、部屋に案内をしてもらいます。家賃、敷金といった費用のほか、間取り、設備、室内を確認します。できれば数日待ってもらって、交通や買い物の便利さ、夜道の安全なども調べると万全です。物件が決まれば、宅地建物取引士の資格をもつ従業員から**重要事項説明**を受け、契約書に記入して申込みをし、家主の承諾を待ちます。

＊1　宅地建物取引業法（宅建業法）の免許を受けた不動産業者でないと、宅地や建物の契約を仲介することが許されない。1つの都道府県内で営業する場合は都道府県知事から、2つ以上の都道府県で営業する場合は国土交通大臣から免許を受ける。「国土交通大臣または○○県知事（数字）第○○○号」という表示を確認しよう。
＊2　おとり広告は、架空の物件や契約済みの物件をネットに表示し、来店した客には別の物件を勧める手口。景品表示法で禁止されている（→77頁）が後を絶たない。

賃貸住宅にかかる費用

　地域や家主によって異なりますが、一般的に費用の意味は次のとおりです。家主によっては値段交渉に応じてもらえることもあります。

賃貸住宅の費用

家賃	毎月、家主に支払う賃借料。
敷金（保証金）	入居時に家主に預けるお金で、退去時に返還されるのが原則。家賃を滞納したり部屋を傷付けた場合は差し引かれる。
礼金	家主に対するお礼金で、返還されない。合理性はほとんどないが慣習で続いている。
仲介手数料	宅建業者が受け取るお金で、家賃1カ月分を家主と入居者が折半するのが原則。
保証料	入居者の家賃支払いを保証する業者を付ける場合に、その保証業者に支払う保証料。

入居中に起きることがあるトラブル

(1)　設備の修繕

　賃貸住宅の設備が故障した場合は、家主が修繕する義務を負います。台所、浴室、トイレ、給湯、鍵、備付けの家具・エアコン・インターネット回線などが該当します。水漏れ、排水詰まり、鍵の紛失のときにあわてて24時間対応の業者を呼んで高額請求されるトラブルもあります。

　家主に対して、直接でも管理人や不動産業者を通じてでもよいので申し出ましょう。なお、電球の取替えなどの小修繕に限り、契約上、入居者が行うとする場合があります。

(2)　家賃の値上げ

　賃貸住宅の契約期間は2年が多く、これを更新していきます。家主が「今度更新する際に家賃を値上げしたい」と求めてきたら……。

　賃貸住宅の入居者を保護するために、**借地借家法**が立法され、家賃の値上げが認められる条件を限定しています。

　入居者が値上げに応じたくないときは、今ま

家賃値上げと立退きに関する借地借家法の内容

家賃の値上げができる条件	立退きが認められる正当事由の判断要素
①土地または建物に対する租税等の負担の増減により ②土地または建物の価格の上昇等の経済事情の変動により ③近傍同種の建物の家賃に比較して家賃が不相当になった場合は、値上げを請求できる。	①家主と入居者が建物の使用を必要とする事情 ②賃貸借に関する従前の経過、建物の利用状況、建物の現況 ③家主が立退料の支払、他の賃貸住宅の提供等の申出を総合的に考慮して、立退きの正当事由を判断する

での家賃を払っていれば追い出されることはなく、家主が裁判所に民事調停（→75頁）を申し立ててくると、調停で話し合うことになります。

⑶　立退きの要求

建替えなどを理由に「今度更新する際に引っ越してほしい」と立退きを求めてきたら……。

借地借家法は、立退きが認められるのを正当事由がある場合に限定しています。入居者が応じたくないときは、家賃を払っていれば追い出されることはなく、やはり、家主が民事調停や裁判を起こして裁判所で話し合うことになります。

⑷　家賃滞納と信頼関係破壊の法理

賃貸住宅では、家賃の延滞が1回、2回程度では、家主は契約を解除（立退き要求）することはできないとされています。住宅は生活の基盤で、引っ越しも簡単ではないため、入居者の債務不履行が家主と入居者の間の信頼関係を破壊するほど重大なものでない限り、家主からの契約解除はできないという考え方（信頼関係破壊の法理）が定着しているからです。

ただし、敷金ゼロ・礼金ゼロといった格安物件では1度の滞納で追い出す条項が含まれている場合があるので、契約前に注意しましょう。

退去の際の敷金返還トラブル

賃貸住宅を退去する際は、荷物を運び出した後で、家主と入居者が立ち会って、部屋の傷や汚れを点検します。特に傷や汚れがなく、滞納家賃もなければ、敷金は全額返ってきます。傷や汚れがあった場合では、それを補修す

る費用（原状回復費用）を家主が負担するか、入居者が負担するかをめぐりトラブルになることがあります（家主が敷金から入居者負担額を差し引くので、入居者に返還される敷金が減る）。

2020年に施行された改正民法は、原状回復のルールを明示しました。①通常の使用によって生じた住宅の損耗（通常損耗）、②年月とともに古びてくる経年変化、③災害などの不可抗力、これらによる住宅の損傷は、入居者は原状回復をする義務を負いません。つまり、家主が自分の費用で補修をするのです。

①・②・③以外、つまり入居者の故意または過失で生じた住宅の損傷は、入居者が原状回復をする義務を負います。つまり、入居者が補修費用を負担します（敷金から差し引かれる）。

具体的には、国土交通省が作成した原状回復をめぐるトラブルとガイドラインが部屋の傷や汚れを、入居者が通常の住まい方をしていても発生するもの（通常損耗、経年劣化）と、入居者の不注意などで発生するもの（故意・過失）に区分をしました。日頃から、故意・過失を避けるような部屋の住まい方を心がけましょう。

また、入居と退去のそれぞれの時点で、次頁のリストを使って状況を確認するとよいでしょう。

退去の際の負担の区分

通常損耗（家主が費用を出す）	故意過失（入居者が費用を出す）
家具による床のへこみ 畳の変色、フローリングの色落ち 冷蔵庫等の後ろの壁面の黒ずみ 壁クロスの変色。壁のポスターの跡 エアコン設置による壁のビス穴 鍵の取り替え　など	落書き。壁の釘穴、ねじ穴 たばこのヤニ、臭い ペットによる傷、臭い エアコンの水漏れによる壁の腐食 天井に直接付けた照明器具の跡 鍵の紛失　など

（「原状回復をめぐるトラブルとガイドライン」にはさらに詳細なものを掲載）

（参考）入退去時の物件状況・原状回復確認リスト（「原状回復をめぐるトラブルとガイドライン（改訂版）」4頁・5頁を加工して作成）

入居時・退去時物件状況確認リスト

物件名
所在地
借主氏名　　　　貸主氏名
住戸番号　　　　TEL（　）
契約日　　年　　月　　日　入居日　　年　　月　　日　退去日　　年　　月　　日
転居先住所
転居先TEL（　）

場所	箇所	入居時 損耗	入居時 交換年月	入居時 具体的な状況	退去時 損耗	退去時 具体的な状況	修繕 要/不要	交換 要/不要	負担
玄関・廊下	天井	有・無			有・無		要/不要	要/不要	
	床	有・無			有・無				
	玄関ドア	有・無			有・無				
	チャイム	有・無			有・無				
	下駄箱	有・無			有・無				
	照明器具	有・無			有・無				
	郵便受付	有・無			有・無				
台所・食堂・居間	天井	有・無			有・無				
	壁	有・無			有・無				
	床	有・無			有・無				
	流し台	有・無			有・無				
	戸棚類	有・無			有・無				
	換気扇	有・無			有・無				
	給湯機器	有・無			有・無				
	照明器具	有・無			有・無				
	電気・ガスコンロ	有・無			有・無				
	給排水設備	有・無			有・無				
浴室	天井・壁・床	有・無			有・無				
	ドア	有・無			有・無				
	浴槽	有・無			有・無				
	シャワー	有・無			有・無				
	給排水設備	有・無			有・無				
洗面所	天井・壁・床	有・無			有・無				
	ドア	有・無			有・無				
	洗面台	有・無			有・無				
	洗濯機置場	有・無			有・無				
	給排水設備	有・無			有・無				
	照明器具	有・無			有・無				
	タオル掛け	有・無			有・無				
便所	天井・壁・床	有・無			有・無				
	ドア	有・無			有・無				
	便器	有・無			有・無				
	水洗タンク	有・無			有・無				
	照明器具	有・無			有・無				
	ペーパーホルダー	有・無			有・無				

場所	箇所	入居時 損耗	入居時 交換年月	入居時 具体的な状況	退去時 損耗	退去時 具体的な状況	修繕 要/不要	交換 要/不要	負担
居室	天井	有・無			有・無				
	壁	有・無			有・無				
	床	有・無			有・無				
	間仕切り	有・無			有・無				
	押入・天袋	有・無			有・無				
	照明器具	有・無			有・無				
個室	天井	有・無			有・無				
	壁	有・無			有・無				
	床	有・無			有・無				
	間仕切り	有・無			有・無				
	簡易間仕切り	有・無			有・無				
	押入・天袋	有・無			有・無				
	外回り建具	有・無			有・無				
	照明器具	有・無			有・無				
その他	エアコン	有・無			有・無				
	スイッチ・コンセント	有・無			有・無				
	バルコニー	有・無			有・無				
	物干し金具	有・無			有・無				
	TV・電話端子	有・無			有・無				

☆　入居時、上記の通り物件各箇所の状況について点検し、確認しました。

入居時　令和　　年　　月　　日
管理業者名及び確認担当者氏名　　　　　　　印
借主氏名　令和　　年　　月　　日　　　　　印

☆　退去時、上記の通り物件各箇所の状況について点検し、確認しました。

管理業者名及び確認担当者氏名　令和　　年　　月　　日　　印
借主氏名　令和　　年　　月　　日　　　　　印

〈備考〉
※入居時には、賃貸人・賃借人の双方の視点で当該物件の前居および部位ごとに「箇所」を確認し、「損耗」の有無に○を付け、「交換年月」を記入する。そしてその損耗の具体的な状況を通宜記入する（写真等に撮影して添付するなどが望ましい）。
※退去時には、入居時に記入した状況等をもとに、賃貸人・賃借人の双方の視点で物件の前居および部位ごとに「箇所」を確認し、損耗等の有無や具体的な状況、修繕等の要否を通宜記入する。
※なお、原状回復のトラブル防止には、本来による損耗の確認だけではなく、賃貸人、賃借人の双方が原状回復に対する正しい理解と、日常的な清掃や用法上の注意を合わせて確認することも重要である。

17 製品の安全性を守るしくみ

● 暮らしに欠かせない多くの製品の安全性は、どのように守られているのでしょうか？

年間2000件を超す製品事故

私たちはたくさんの製品に囲まれて生活しています。朝起きて、家を出るまでの間にも、携帯電話、エアコン、ヘアドライヤー、ガスこんろや電子レンジ、寒い季節にはこたつや電気ストーブ、通学に自転車を使う人もいるでしょう。毎日何気なく使っている製品ですが、毎年2000件を超す製品事故が発生しています。その中には死亡事故や重傷事故など被害が重篤な事故もあります。

5年間の年度別製品事故収集件数と被害状況

（出典）NITE「2019年度事故情報収集・調査報告書」

製品安全4法による規制

暮らしに身近な製品の安全性を確保する法律の1つに**消費生活用製品安全法（消安法）**があります。約50年前の1973年に、炭酸飲料ビンの破裂、圧力鍋の爆発、ベビーカーや玩具による事故など、製品の欠陥事故が多発し、安全な暮らしへの欲求が高まる中で制定された法律です。従来の法律の枠からこぼれ落ちてしまうたくさんの製品の安全性の確保を図る目的が背景にあ

りました。

消安法の対象製品は、他の個別の法律で安全性が確保されている食品や医薬品、車などは除き、それ以外の消費生活用製品はすべて対象となります。現在、制定当時には想像もできなかった製品が多数生まれていますが、暮らしに使われる製品であれば消安法の対象となります。

中でも特に危害発生のおそれがある製品は「特定製品」として指定され、国が定めた技術基準（製品の構造、材質、性能など、安全性を確保するために定められた技術上の基準）の適合と、販売時には技術基準に適合したことを示す**PS**マークの表示が義務づけられています。

また、消費生活用製品の中でも①電気製品は**電気用品安全法（電安法）**、②都市ガス用品は**ガス事業法（ガス事）**、③プロパンガス用品は**液化石油ガスの保安の確保及び取引の適正化**

製品安全4法とPSマーク

消費生活用製品安全法（10品目）

ライター、レーザーポインタ、乳幼児ベッド、石油ストーブ等

電気用品安全法（457品目）

LEDランプ、延長コード、エアコン、冷蔵庫、電子レンジ等

ガス事業法（8品目）

ガス瞬間湯沸器、ガスストーブ、ガスこんろ、ガスふろがま等

液化石油ガスの保安の確保及び取引の適正化に関する法律（16品目）

カートリッジガスこんろ、ガス栓、調整器、対震自動ガス遮断器、ガス漏れ警報器等

（出典）経済産業省「製品安全への取組」

※ ○印は自主検査、◇印は、自主検査に加え国の指定した検査機関での確認が必要。

に関する法律（液石法）の対象となるので、それぞれの製品ごとに技術基準が定められ、適合したことを示す PS マークの表示が義務づけられています。消安法、電安法、ガス事法、液石法を総称して**製品安全4法**と呼ばれています。

重大製品事故の報告・公表制度の導入（消安法2007年改正）

(1) 経緯と現状

製品事故の防止には、技術基準の適合義務や PS マークの表示義務など流通前の規制に加え、流通後事故が発生した際の情報の収集・調査が必須です。消安法が制定された翌年の1974年から、独立行政法人製品評価技術基盤機構（NITE）により、事故情報の収集・調査が行われていましたが、事故情報の届出は事業者の協力に基づく任意の制度でした。

そのような中、2005年に松下電器産業（現パ

ナソニック）製の石油温風暖房機による死亡事故[1]、パロマ工業製のガス瞬間湯沸かし器による死亡事故[2]、2006年にシュレッダーによる幼児の指先切断事故[3]と大きな社会問題となる製品事故が立て続けに発生しました。製品安全対策の強化が叫ばれる中、2007年に消安法が改正され、国産品は製造業者、輸入品は輸入業者（以下、まとめて「製造・輸入業者」といいます）に国への事故報告を義務化する「重大製

重大製品事故件数の推移

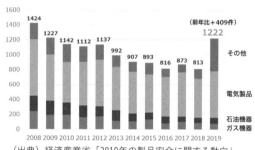

（出典）経済産業省「2019年の製品安全に関する動向」

大きな社会問題となった製品事故

石油温風暖房機の死亡事故[1]	2005年1月、福島県のペンションで、松下電器産業（現パナソニック）製の石油温風暖房機（1985年～1992年製造）から一酸化炭素が漏れいし、12歳の男児が死亡し、その後も死亡を含む事故が4件発生した。この製品は燃焼用の空気を室外から取り、排気も室外に出す構造で、室内の空気を汚さず、換気の必要もないため、寒冷地で多く設置されていた。同年11月、経済産業省が松下電器産業に対し、リコールを徹底するよう緊急命令を発動（現在の危害防止命令）、消安法が制定されて30年以上経て初めての発動だった。松下電器産業は、すべてのテレビコマーシャルを製品回収の情報に差し替えるなど、消費者への徹底した情報発信は、その後のリコール情報のあり方を変え、企業への信頼を早期に回復させた事例としても話題になった。事故の原因は、給気用ホースの材質に問題があったなど、製造から10年以上経た製品であったが、設計不良と判断された。
ガス瞬間湯沸器の死亡事故[2]	2005年11月、東京都のアパートで、大学生がパロマ工業製のガス瞬間湯沸器（1980年～1989年製造）による一酸化炭素中毒で死亡した。その後、それまでの約20年間に同様の機種で28件、死者21人の事故が発生していたことが判明した。2006年に経済産業省が緊急命令を発動。事故の原因は、安全装置の故障が頻発し、かつ安全装置の不正改造が容易にできる欠陥製品であったことにあった。事業者は改造による危険性を認識していながら消費者への警告などは一切なされず、また、経済産業省や警察、消防などそれぞれの機関に入った事故情報が共有されず、事故情報の収集体制の不備も問題となった。
シュレッダーの指先切断事故[3]	2006年3月、静岡県の自宅兼仕事場に置いていたシュレッダーに2歳の幼児が誤って両手を巻き込まれ手指を切断する事故が発生した。同年7月、東京都でも2歳の幼児がシュレッダーに誤って左手を巻き込まれ指を切断した。シュレッダーを輸入販売する団体は本件以外にも数件の事故を把握していたが、事業者や団体から国への報告はなされていなかった。シュレッダーは業務用として設計された製品で、本来は消安法の対象外だが、個人情報の保護に関する法律（個人情報保護法）が施行され、自宅と事務所を兼用する働き方も増え、家庭でのシュレッダーの需要が増加している状況は事業者も把握できたとし、消安法の対象製品と判断され、製造・輸入事業者には時代に合わせた製品安全への対応が求められた。特に、1件目の事故発生後すぐに消費者への情報提供や注意喚起などの対応がとられていれば防げた事故もあったと考えられる。この事故を受け、電気用品安全法のシュレッダーの技術基準も改正され、子どもへの安全対策が盛り込まれた。

品事故の報告・公表制度」ができました。

制度発足から10年以上が経過し、事故情報は年々減少傾向にありましたが、2019年は自転車による過去の重大事故の未報告分が多数報告されたことから大きく増加しています

⑵ 重大製品事故報告・公表制度のしくみ

重大製品事故とは、死亡、重傷（治療期間30日以上）、火災（消防が確認したもの）、一酸化炭素（CO）中毒、後遺障害を伴う製品事故です。

製造・輸入事業者が、重大製品事故の発生を知ったときは、10日以内に消費者庁に報告することが義務づけられています。

販売事業者等が知ったときは、製造・輸入事業者に通知する責務があります。

消費者庁は、事故情報を迅速に公表し、経済産業省は、NITEに対して、原因究明調査を指示することとされています[1]。

調査結果はあらためて公表し、注意喚起や命令・指導を行うことによって、再発防止を図ります。

> [1] 2009年に消費者庁が発足し、消費者行政を消費者庁に一元化する方針が打ち出されたことを受け、事故情報の収集・公表は消費者庁、事故原因の究明や再発防止措置対応は経済産業省が担当しています。

長期使用製品安全点検制度の創設（消安法2009年改正）

重大製品事故の報告が義務化される契機となった石油温風暖房機やガス瞬間湯沸かし器の事故は、機器が製造されてから10年以上経った製品でした。その後、小型ガス瞬間湯沸かし器などの経年劣化（時間の経過とともに、製品の部品や材料が劣化すること）による死亡事故の発生を受け、2009年、**長期使用製品安全点検制度**が設けられました。この制度は、対象製品を購入した消費者（製品の所有者）に、点検時期になったらメーカーや輸入事業者からお知らせが届き、点検を受けることで事故を未然に防ぐというものです。

制度の概要は次のとおりです。

①対象製品は、所有者による点検が困難で、経年劣化により重大な事故が発生するおそれがある製品で、「特定保守製品」[2]として指定されます。②消費者は、特定保守製品を購入する際に、所有者情報を登録します。③点検時期になったらメーカーや輸入事業者から、②で登録した情報をもとに、所有者に点検案内が届き、点検を受けます。

制度創設から10年以上が経過し、購入時に所有者情報を登録した人は、機器の点検を受ける時期が始まっていますが、所有者情報の登録率が39.6%（2019年9月末時点）と低く、また点検が有料であることから、点検を受ける人の割合が上がらないという問題点も出ています。

> [2] 石油ふろがま、石油給湯機、密閉燃焼式石油温風暖房機、屋内式ガスふろがま（都市ガス、LPガス）、屋内式ガス瞬間湯沸器（都市ガス、LPガス）、ビルトイン式電気食器洗い機、浴室用電気乾燥機

長期使用製品安全表示制度（電安法2009年改正）

経年劣化による事故防止策として、**長期使用製品安全表示制度**も設けられました。消費者自ら点検が可能な製品で、製品に標準使用期間を表示し、その年数を超えて使用する場合は注意が必要と促すものです。2009年4月1日以降に製造・輸入された対象製品[3]には、標準使用期間が表示されています。製品を選ぶ際には、機能やデザイン、価格と同様に、何年使えるように設計された製品かも確認するとよいでしょう。

> [3] 扇風機、エアコン、換気扇、洗濯機（洗濯乾燥機を除く）、ブラウン管テレビ

18 製品事故を防ぐには

● 製品事故はどのような原因で起こっていますか？
● 製品事故をなくすために私たちにできることは何でしょうか？

製品事故の主な原因

製品事故はなぜ起こっているのでしょうか。安全性が確認された製品でも使い方を誤ると事故になります。正しい使い方をしても、製品に問題があれば事故になる可能性があります。また、長く使い続けた製品の寿命を過信することも要因の１つです。それぞれ具体的にみていきましょう。

⑴ 誤った使い方による事故

「取扱説明書は見ない」と言う人がいます。使い慣れた製品であれば、説明書を見なくても使い方がわかるし困らないからです。その根底には、日本で販売されている製品は安全だと信じ込んでいる側面もあるかもしれません。しかし、絶対に安全な製品はありません。製品事故情報の収集・調査を行う国の機関 NITE には、誤使用や不注意による事故が多数報告されています。

たとえば、事故の多い製品に配線器具があります。延長コードには接続可能な最大消費電力があります。それを超えて接続すると、製品が異常発熱し火災の原因になります。また、電源プラグをコンセントから抜く際にコードを引っ張って抜いたり、コンセントに差し込んだまま製品を移動させたりすると、電源コードが半断線してこれも火災の原因になります。

そのほか、電子レンジの扉や庫内に食品かすが付いたまま使用すると、食品かすが炭化して発火するおそれがあります。あわててドアを開けると酸素が供給され火が大きくなるので、電源プラグを抜いて火が消えるまでドアを開けな

いことが被害を大きくしないうえで重要なことです。これらはすべて取扱説明書に記載されています。

ヘアスプレーなどのスプレー缶は熱に注意が必要です。スプレー缶の噴射剤には可燃性ガスが使われています。ガスが熱せられると膨張して爆発する危険性があります。製品には40度以上の保管は禁止するよう書かれています。夏の車内に放置したり、電気ストーブの近くに置いたりすることは厳禁です。

製品事故の原因は、消費者の誤使用や不注意のほかに、製品の設計、製造、表示の不備など製品そのものに問題がある場合、製品の設置や修理に問題がある場合、経年劣化による場合、災害による浸水や落下の衝撃など偶発的な要因による場合、また事故原因が究明できず不明となる場合などさまざまですが、全体の約20％は

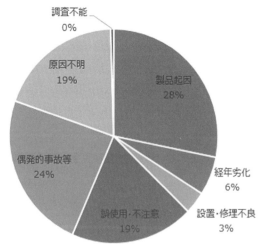

重大製品事故の事故原因（2007年～2019年）

調査不能 0%
原因不明 19%
製品起因 28%
偶発的事故等 24%
誤使用・不注意 19%
経年劣化 6%
設置・修理不良 3%

（出典）経済産業省「2019年の製品安全に関する事故動向」

誤使用・不注意によって起こっています。

（2） 製品の不具合や欠陥による事故

正しい使い方をしても製品そのものに欠陥や不具合があれば事故になる可能性があります。事業者は、製品の欠陥や不具合により、事故の発生など安全上の問題がある場合は、自主的に**リコール**（製品の回収返金や無償修理、消費者への情報提供など）を行い、事故の再発防止に努めなければなりません。

消費者庁とともに重大製品事故の収集・調査を行う経済産業省には、毎年100件近くのリコール開始情報が届けられています。また、重大製品事故の約10％はすでにリコールが発表された製品で発生しており、消費者にリコール情報が確実に届き、回収・点検・修理が行われていれば防げた事故と考えられます。消費者は、リコール情報が届いたら、不具合が出ていなくても使用を止め、必ず事業者に届け出る必要があります。

製品のリコール情報は容易に検索できるよう消費者庁や経済産業省でも専用サイトが設けられています。

（3） 長期使用による経年劣化の事故

製品を長く使い続けることはものを大事にするという観点から大事なことですが、大量生産された工業製品には寿命があります。長年使い続けると部品や材料が劣化し、本来の機能が保てなくなったり、動かなくなって製品の役目を終える場合だけでなく、火災などの思わぬ事故につながることがあります。

30年近く使用した古い扇風機のモーターが劣化して発火し、火災になった事故や、10年以上使用したガス瞬間湯沸かし器のファンに多量のホコリやススが付着して異常燃焼を起こし、一酸化炭素が発生した事故などが起こっています。

製品の寿命は、製品の特性や使用環境・使用頻度により異なりますが、家電製品やガス・石油機器の場合は、10年が１つの目安です。それを超える場合は、使わないときはコンセントから電源プラグを抜く、わずかな異音やにおいに異変を感じたら使用を中止して点検に出す等、注意して使用する必要があります。

事故情報の通知と活用

製品の事故を防ぎ、安全な社会を実現するには、製造・輸入事業者が安全な製品を市場に出し、販売業者が安全な製品を選んで販売し、消費者は安全に使用するという、それぞれの役割を果たすことでしか実現できません。

もし、製品事故にあってしまったら、製造・

コラム　終わりのないリコール活動

単身者向け集合住宅に広く設置されたキッチン用小型電気こんろのリコール事例があります。

電気こんろに身体や荷物が触れただけでスイッチが入り、電気こんろの上や周囲に置かれていた可燃物が燃えて火災になる事故が発生し、注意喚起や、スイッチの改修が始まったのは今から30年以上前のことです。しかし現在も再発防止のためのリコール活動は終わっていません。

この電気こんろは1977年から2004年までに複数のメーカーから製造販売された製品で、火災事故が発生したのが1980年代半ばからです。当初は注意喚起のチラシの配布から始まり、1989年からはスイッチつまみの周辺にガードを付けるなどの改修が行われ、2007年には関連各社で協議会を設置し、新聞広告、テレビコマーシャル、ワンルームマンションや賃貸住宅の管理会社への働きかけなどを継続しています。しかし、その間（2007年から2020年３月）にも新たに130件の事故が発生し、死者も出ています。いったん市場に出してしまった製品をすべて確認・点検する困難さと、それにかかる費用や人材の確保など、事業者への負担は重くのしかかり続けることになります。

輸入事業者や消費生活センターに届け出ましょう。火災や重傷事故などの重大製品事故（→58頁）であれば、事業者は、事故の原因に関係なく、事故を知って10日以内に消費者庁に届け出なければなりません（消安法）。消費者庁は、原則１週間以内に事故情報を公表し、製品起因が疑われる場合は事業者名なども公表されます。

事故の原因が製品の欠陥や不具合によるものであれば、リコール対応の検討が必要ですし、誤使用の危険性があれば消費者への注意喚起にと、事故情報は被害の救済だけでなく、事故の再発・未然防止に役立てられます。

また、製品事故にあったことはなくても、製品を使用していてひやっとしたりはっとしたこと（ヒヤリハット）はありませんか。ヒヤリハットは事業者の**お客様相談室**に連絡しましょう。事業者にとって使用者の声は重要な情報です。製品の安全性にかかわる内容であればなお一層、表示の改善や今後の製品設計に役立てられるはずです。そのような意識をもった企業か否かも判断できます。

現在の問題点と今後の課題

(1)　リチウムイオン電池搭載製品の事故が急増

製品事故は、重大製品事故の報告・公表制度が始まった2008年をピークにし、その後は減少傾向が続いています。そのような中、増え続けているのが、リチウムイオン電池を搭載した製品の発煙・発火事故です。

リチウムイオン電池は、スマートフォンやノートパソコンなどの電子機器や、デジタルカメラや電動アシスト自転車など多くの身近な製品に使用されています。従来の電池よりも、高容量、軽量で、繰り返し充電して使用できるため、機器の小型軽量化、高機能化には欠かせないものとなっています。

しかし、不良品も多く、製品の不具合による

コラム　多発した誤使用事故を受け、法の規制対象製品となった事例

① 　ガスこんろ

住宅火災の原因の上位にあがっているのが天ぷら油火災などガスこんろの消し忘れです。こんろのそばを離れるときは火を消して、と注意喚起を繰り返しても、"つい"、"うっかり"の事故は減らず、その代償は死亡や家屋の全焼などで、あまりにも大きいです。2008年、業界団体がすべてのバーナーに安全装置を搭載することを打ち出しました。その後、ガスこんろがガス事業法（ガス事法）および液化石油ガスの保安の確保及び取引の適正化に関する法律（液石法）の規制対象品目として指定され、2008年10月１日以降に製造・輸入された製品には、すべてのこんろバーナーに調理油過熱防止装置と立ち消え安全装置の装着が義務づけられました。

現在では安全装置を搭載した製品の普及率が上がり、事故件数は大きく減少しています（総務省消防庁の火災統計によると建物火災のうち、こんろ火災の件数は、2008年5461件、2019年は2836件）。

② 　簡易ガスライター

注意喚起を繰り返しても、使い捨てライターによる子どもの火遊びの事故が減少しないこと、また子どもの中でも12歳以下の小さな子どもによる事故が多いこと、子どもだけで留守番をしていたときに起きた事故は、火遊びが火災や死亡など重大な事故につながるケースが繰り返されたことを受け、経済産業省は2010年、ライターを消安法の規制対象製品に指定しました。2011年９月27日からは、子どもが簡単に操作できないようにするチャイルドレジスタンス（CR）機能など技術基準に適合したライター以外は販売できなくなりました。

リチウムイオン蓄電池の異常による事故件数

（出典）経済産業省「2019年の製品安全に関する動向」

事故が多く発生しています。モバイルバッテリーを充電したまま就寝し、機器の異常に気づくのが遅れ火災になった事例や、リコール製品と気づかず使用を続け、電車内で発火した事例も報告されています。

2018年、事故が多発したモバイルバッテリーは、電安法の規制対象製品に指定され、現在ではPSマークおよび製造・輸入事業者名などが表示されていない製品の販売はできなくなっています。購入の際には必ず確認しましょう。

⑵ インターネット取引による事故の増加

インターネットの普及により小売りビジネスに容易に参入できる時代になっています。消費者にとっては、商品の選択肢が広がるメリットもありますが、製品の安全性の確保に関してはさまざまな問題が出てきています。経済産業省の「2019年の製品安全に関する動向」によると、重大製品事故が発生した製品の入手先の比率は、インターネット通販が増加傾向にあります。重大製品事故の調査の過程で、アメリカでリコールされている製品や、国内で火災事故が起きている製品がインターネットで販売されていたり、また、技術基準を満たしていない製品や、PSマークの表示がない製品も出回っていました。

経済産業省はオンラインモール事業者と協力し、消費者への情報発信などの取組みを行っていますが、消費者も見た目や価格だけで判断せず、PSマークや製造・輸入事業者名、安全性への記載等も画像や説明文で確認したうえで購入することが重要です。

最後に

最近ではモノとインターネットをつなぐ技術（IoT）が大きな話題になっています。スマートフォンやスマートスピーカーを使って遠隔操作が可能な家電製品もその1つです。外出先から家の中の様子が確認できたり、エアコンのスイッチを入れたりと、飛躍的に便利になる反面、従来の製品（もの）をベースにした考え方では想定できないソフトウエアの欠陥やシステム障害、サイバー攻撃による事故のリスクが考えられます。

「安全」とは何か。**ISO/IEC ガイド51**（国際標準化機構（ISO）と国際電気標準会議（IEC）が共同で開発した安全規格作成のためのガイドライン）やJIS（日本産業規格）では、「安全とは、許容できないリスクがないこと」と定義されています。絶対的な安全は存在しないことから、社会が許容できるところまでリスクを低減するという考え方です。製品設計の分野でもリスクを低減するための本質的安全設計が進められています。本質的安全設計とは、安全装置などを用いて保護するのではなく、製品そのものを安全に設計する方策をいいます。安全な社会を実現するためには、消費者も製品のもつリスクを自覚し、正しく使用する役割が求められます。

63

19 製品の故障や事故に対処する

● 製品が故障しました。修理を頼めるでしょうか？
● 製品の使用中に事故にあいました。賠償してもらえますか？

製品の故障とアフターサービス

　販売業者が商品を引き渡した後、消費者に対応することを**アフターサービス**といいます。主に、①販売業者の法律上の責任、②製造業者（メーカー）が保証書を交付したことによる責任の2つがあります（下図参照）。

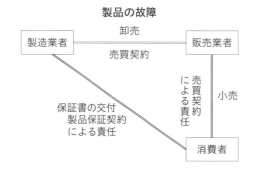

製品の故障

(1) 販売業者の責任

　販売業者は消費者と**売買契約**を結んでいます。消費者に販売された製品は、ふつうに使っていて短期間で故障するようなら不具合があったと考えられます。消費者は、商品の無償修理・交換などを請求することができます（**契約不適合責任**。→67頁）。製品の構造が単純だった時代は、販売した電気屋や自動車屋が自力で修理していましたが、現代では電子制御が進みそれが難しくなり、メーカーが修理を代行して販売業者を支援しています（メーカー修理）。メーカーの技術者が故障した製品を調べると、製造上の不具合によるものか、消費者の誤った使用によるものか、おおむね判別できるので、無償か有償かを提案するようです。

(2) 保証書の交付による製造業者の責任

　製品に添付されている保証書は、メーカーが1年、2年などの保証期間内中は保証対象となる故障の無償修理を約束する、**製品保証契約**を示すものです（誤使用、改造、天災、保証書紛失などは対象外）。故障が発生したときに保証書の条件を満たせば、無償で修理されます。

　よく誤解されがちですが、保証書の条件から外れても、製品保証契約が適用されないだけで、前述の販売業者の契約不適合責任や、後述のメーカー等の不法行為責任や製造物責任を追及できる権利は残っています。そこで、保証書には「この保証書はお客様の法律上の権利を制限するものではない」旨が記載されています。

(3) 補修用の部品の保有期間

　修理するためにはメーカーが部品を保管している必要があります。家電業界は、製品の製造を打ち切った後、部品を保有する最低限の期間（補修用性能部品の保有期間）を定めています。

補修用性能部品の保有期間

電気冷蔵庫	9年	電気洗濯機	6年
エアコン	9年	電気毛布	6年
カラーテレビ	8年	電気こたつ	6年
ステレオ	8年	石油ストーブ	6年
扇風機	8年	電気ポット	5年
電子レンジ	8年	トースター	5年
電気炊飯器	6年	ヘアカーラー	5年
電気掃除機	6年	アイロン	5年

（家庭電気製品製造業における表示に関する公正競争規約）

事故の場合の損害賠償

　製品事故を防ぐしくみ（→60頁）があります

製品による事故

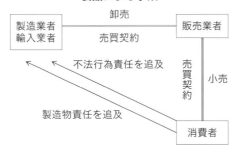

が、不幸にも事故が起きてしまった場合は、主にメーカーに対して賠償を請求できるか、が問題となります。

民法の**不法行為責任**により、メーカーに対して損害賠償を請求する方法がありますが、「**故意または過失**」（どこにどのような落ち度があるのか）を証明することが難しいため、裁判ではなかなか賠償が認められにくいという問題がありました。

そこで、米国、欧州等で、消費者がメーカーの「故意または過失」を証明しなくても、製品が事故を起こす危険なものだったこと、つまり「欠陥」を証明すれば賠償を得られる**製造物責任**の考え方が広がり、1994年、日本でも製造物責任法が立法され、それ以来、活用されて被害救済に役立っています（下表参照）。

製品事故の被害者が賠償を求める相手は、国産品の場合は**製造業者（メーカー）**、輸入品の場合は**輸入業者**です。

その製品（製造物）に欠陥があり、それが原因で生命、身体、財産に被害を被った場合は、損害賠償が得られます。ただし、その製品が使えなくなっただけの場合は製造物責任の対象ではなく、前述の契約不適合責任等を使います。

製造物とは**動産**（もの）を指し、土地・建物は含みません。賠償される損害には、治療費、失われた財産の額、逸失利益（事故がなければ得られたはずの収入）、慰謝料などを含みます。

ポイントとなる「欠陥」とは、通常有すべき安全性をもたないことです。世界共通に、**設計上の欠陥、製造上の欠陥、指示・警告上の欠陥**の3種類があるとされています。

製造物責任法によって、製品事故の際の交渉や裁判がしやすくなりましたが、事実関係は消費者が証明する必要があります。事故が起きたら写真を撮り、事故品を保存して、法律家や消費生活センターに相談することが大切です。

(3) 賠償責任保険の付いた商品マーク

メーカーに資金がなかったり、倒産した場合は、裁判に勝ったとしても賠償は得られません。そこで、一定の安全基準を満たした製品に、賠償責任保険を掛け、それを示すマークを付ける制度があります。事故の際はメーカーに保険金が下りてその保険金で賠償金を払うしくみです。**SGマーク**（多数の製品に付く）、**STマーク**（玩具）、**SFマーク**（花火）、**BLマーク**（住宅部品）です。一定の安全性と、賠償の確実性を示すマークなので、買い物の際に参考にしましょう。

不法行為責任と製造物責任

不法行為責任：故意または過失によって他人の権利または法律上保護された利益を侵害した者は、これによって生じた損害を賠償する責任を負う（民法709条）。	
製造物責任：製造業者等は、その製造、加工、輸入……した製造物であって、その引き渡したものの欠陥により他人の生命、身体または財産を侵害したときは、これによって生じた損害を賠償する責めに任ずる（製造物責任法3条）。	
欠陥：製造物の特性、通常予見される使用形態、出荷した時期などの事情を考慮して、その製造物が通常有すべき安全性を欠いていること（製造物責任法2条）。	

設計上の欠陥	：製品の設計（構造、材質、部品の選び方、加工の方法など）が不適切で、安全でないこと。
製造上の欠陥	：工場で生産した際に、設計どおりに作られなかったこと（不良品）により、安全でないこと。
指示・警告上の欠陥	：ラベルや説明書における危険性の表示が不適切で、消費者の誤使用を防げなかったこと。

20 契約とは何だろう

● 契約はどのような場合に成立しますか？　また、どのような意味がありますか？
● 消費生活のトラブルが起きたとき、契約はどうなりますか？

契約とは何か

分業が進んだ現代では、自分ではできないものごとを、お金を払って手に入れることができます。このとき相手との間で、価格や種類などを決めるのが契約です。それをもとに代金を払って商品やサービスを受け取ります。

携帯電話や銀行預金の申込みなどは特に契約を意識する場面です。このほか、お店での買い物、外食、散髪や美容院、電車やバスの利用などもすべて契約を結んでいるのです。買い物をしてお金を払うたびに契約をしているのです。

契約の進み方

消費者は、販売員の説明を聞いたり、陳列された商品を見て、商品の内容や価格を知って納得したら、「買います」と言ったり、レジに持っていきます（契約の申込み）。お店の側（事業者）は、それを受けて販売をします（契約の承諾）。このように、誰と誰が（当事者）、何を（目的物）、いくらで（代金）、どのような支払方法で、という重要なことについて、自由な意思による申込みと承諾が一致して合意したときに、契約が成立し、権利と義務が発生します。

売買契約に基づき権利と義務を負う

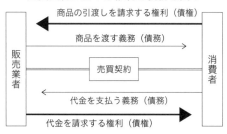

商品を購入する契約（売買契約）では、消費者は商品を請求する権利をもつ半面、代金を支払う義務を負います。事業者は代金を請求する権利をもつ半面、商品を消費者に渡す義務を負います（契約上の義務を債務といいます）。お互いに債務を履行すると契約は目的を遂げます。

私たちは1日に何件も買い物をし、その回数は年間で数千件にも上ります。ほとんどの場合、消費者も事業者も受け取った商品や代金に納得し、契約について特に意識をせずにいます。

契約は国が後ろ楯となる

しかし例外的に、商品が送られてこない、説明が間違っていたなど、こんなはずではなかったと不満をもつ場合がないわけではありません。このときが契約や法律の出番です。

さて、「消費者が代金を支払ったのに事業者が商品を渡さない。交渉しても解決しない」という例を考えてみます。契約が守られない場合は、消費者は裁判所を利用する、つまり国の助けを借りることができます。この場合、①裁判所で「契約した商品を引き渡せ」と訴訟をし、商品を渡せと相手に命令する判決を下してもらう、②裁判所で「契約を解除するので代金を返せ」と訴訟をし、代金を返せと命令する判決を下してもらう、③裁判所で「商品を引き渡さなかったことにより私に生じた損害を賠償せよ」と訴訟をし、賠償せよと命令する判決を下してもらうことができます。

①・②・③ともに、相手が判決に従わなければ、裁判所の職員に依頼して相手から商品、代金、損害賠償金を取り返すことができます（強

制執行）。なお、裁判所を通さずに相手の所に行って商品や金銭を取ると犯罪になってしまいます（自力救済の禁止）。

裁判所は、契約の実現や、被害の回復を助けてくれるのです。国民が契約を守る理由には、自分が約束したことは誠実に果たしたいという思いとともに、契約を破ったら国から強制されるのでそれは避けたいという動機もあるのです。

これ以後は、買い物のトラブルにあった場合に、法律が消費者を守ってくれる場面を説明します。**民法**は、契約に関する基本的な法律です。**消費者契約法**は、事業者と消費者との間には情報や交渉力の格差があるので、消費者の利益の擁護を図ることを目的に2000年に立法されました。これらの法律の主な項目を紹介します。

事業者が約束を守らない

契約を守らないことを**債務不履行**といいます。商品が届かない場合は前述の例のように、商品の引渡しか、代金の返金か、損害賠償を求めることができます。

商品が届いたけれど契約どおりではない、つまり、種類が違う、品質が悪い、数が足りない、といった場合は、相手に対して、交換、修理、補充、あるいは代金の減額を求めることができます（**契約不適合責任**）。リフォーム工事などを頼んで出来が悪い場合は、やり直しや代金の減額を求めることができます（**担保責任**）。

契約の成立に問題がある

⑴　契約不成立

契約は一方の申込みと他方の承諾が合致して成立します。ワンクリック詐欺のように、消費者は申込むつもりがないのに事業者が契約成立だと言い張っても、**申込みと承諾の合致がない**ので契約は成立しません。契約に基づいて代金を支払う義務はありません。請求されても支払

ってはいけません。脅しに負けてお金を出したら、よい獲物だと思われて請求をされ続けます。

⑵　錯誤取消し

価格や目的物など重要な事柄について思い違い（**錯誤**）をして申し込んだ場合、錯誤をした人は原則として契約を取り消すことができます。たとえば、1000円で買うつもりなのに1000ドルで買うと言ってしまったときは、1000ドル払う契約を取り消すと言えます。

錯誤をして結んだ契約では、間違えた人は真意と違うことを伝えており、意思が違うので取り消すことができます。契約を取り消すと権利、義務は最初にさかのぼってなくなります。商品や代金を受け取っていた場合は、契約がないのに商品を受け取っていることになるため、相手に返します。

⑶　未成年者取消し

20歳が成年なので19歳以下の人は未成年者です（2022年4月からは18歳が成年になるので17歳以下が未成年者）。未成年者は、契約をするに際して利益や損失の判断力が不足しているため、契約をするときに親権者の同意を得る必要があります。同意を得ずに契約した場合で、やめたくなったときは本人または親権者から契約を取り消すことができます。ただし、こづかいの範囲の買い物については同意がいらず、契約の取消しもできません。

契約をやめたい

⑴　法定解除

法律で解約ができると定めている場合です。債務不履行やクーリング・オフ（→70頁）によって**契約を解除**すると、契約は最初にさかのぼってなくなります。商品や代金を受け取っている場合はそれらを返し、契約前の状態に戻して終了します（**原状回復義務**）。

このほか、法律で定めた**中途解約**があります。請負工事や家庭教師のようなサービスの契約で

は、サービスを途中で中止すること（中途解約）ができます。実施された分の代金を支払い、未実施の分の代金は免除されて終了します。

(2) 約定解除

法律上解約できないときでも、その契約に解約できることを定めておく場合です。たとえば「2年契約の賃貸住宅だが1カ月前に予告すればいつでも解約できる」としたり、小売店が「未使用の商品とレシートを持参すれば返品を受ける」と取り決めるものです。それぞれの契約の定めに従って解約をすることができます。

(3) 合意解除

法律や契約では解約の定めがない場合でも、相手に解約を申し出て、話がまとまったら解約できます。ただし拒否されたら解約できません。

悪質な勧誘による契約を取り消したい

事業者がだましたり、押し売りして消費者に契約を結ばせる悪質商法が問題となっています。その場合に、消費者が契約を取り消すことができれば、代金を失わずにすむことになります。

民法には、詐欺による契約や、強迫による契約を取り消す制度があります。しかし、民法の解釈では、詐欺師が故意にウソをついてお金をだまし取ったことを被害者が証明した場合に限り取消しができるとされています。この証明はとても難しいため、詐欺取消しはほとんど使えませんでした。強迫取消しも同様でした。

消費者契約法は、取消しの範囲を広げるため、不実（事実と異なること）を告知されて消費者

消費者契約法により不当な勧誘で結んだ契約を取消しができるもの

取消しができる類型		
事業者が勧誘をするに際し	①不実告知　重要事項について事実と異なることを告げ、消費者はそれが事実だと誤認して契約をした。	消費者は契約を取り消すことができる
	②断定的判断の提供　将来における価値など不確実な事項について断定的判断を提供し、消費者はそれが確実だと誤認して契約をした。	
	③不利益事実の不告知　重要事項について消費者の利益となる旨を告げる一方、不利益になる事実を故意または重大な過失によって告げず、消費者はその事実が存在しないと誤認して契約をした。	
	④不退去　消費者が自宅等から帰ってほしい意思を示したのに退去せず、消費者は困惑して契約をした。	
	⑤退去妨害　消費者が店舗等から帰りたい意思を示したのに退去させず、消費者は困惑して契約をした。	
	⑥不安をあおる告知　消費者が進学、就職、生計等の社会生活上の重要な事項や、容姿、体型等の身体の特徴や状況に関する重要な事項に対する願望の実現に過大な不安を抱いている場合において、事業者がそれを知りながらその不安をあおり、その願望の実現のためには契約の目的となるものが必要だと告知し、消費者は困惑して契約をした。	
	⑦恋愛感情等の不当な利用　消費者が勧誘者に恋愛感情等の好意の感情を抱き、かつ、勧誘者も同様の感情を抱いていると誤信している場合において、事業者がそれを知りながらこれに乗じて、契約を締結しなければ関係が破綻することになる旨を告げ、消費者は困惑して契約をした。	
	⑧判断力低下の不当な利用　消費者が加齢や心身の故障により判断力が著しく低下していることから、生計や健康等に関し現在の生活の維持に過大な不安を抱いている場合において、事業者がそれを知りながら消費者の不安をあおり、契約を締結しなければ現在の生活の維持が困難となる旨を告げ、消費者は困惑して契約をした。	
	⑨霊感等による告知　消費者に対して霊感その他の合理的に実証することが困難な特別な能力による知見として、そのままでは重大な不利益を与える事態が生ずる旨を示して消費者の不安をあおり、契約を締結することにより確実に重大な不利益を回避できる旨を告げ、消費者は困惑して契約をした。	
	⑩契約前の債務の実施　消費者が契約を結ぶ前に、契約をしたら事業者が行うこととなる義務の内容の全部または一部を実施して原状回復を著しく困難にし、消費者は困惑して契約をした。	
	⑪営業経費の補償請求　消費者が契約を結ぶ前に、調査、情報の提供、物品の調達などの活動を実施した場合において、その消費者のために特に実施したとして経費の補償を請求し、消費者は困惑して契約をした。	
	⑫過量契約　その契約の商品・サービス等の分量・回数・期間が、その消費者にとっての通常の分量等を著しく超えることを事業者が知っていて勧誘し、消費者が契約をした。	

（①〜⑤は2000年の立法時から。⑫は2016年改正、⑥〜⑪は2018年改正で追加された）

消費者契約法により、不当な条項として無効になるもの

類　型	例
①免責条項　事業者の債務不履行による損害賠償責任、不法行為による損害賠償責任、契約不適合責任を免除する条項。事業者にこれらの責任の有無を決定する権限を与える条項。	「当サービスの利用に際し、当社は一切の責任を負いません」、「当社が認めた場合のみ損害賠償責任を負うものとします」
②解除権を放棄させる条項　事業者の債務不履行による消費者の解除権を放棄させる条項。事業者に解除権の有無を決定する権限を与える条項。	「当社が販売した商品は、いかなる理由があっても契約を解除することができません」「当社が認めた場合のみ解除ができます」
③成年後見による解除条項　消費者が、後見、保佐、補助の審判を受けたことのみを理由として、事業者に解除権を与える条項。	賃貸住宅で「入居者が成年後見の審判を受けたら家主は契約を解除できます」
④高額な解約料条項　契約解除をした場合に、事業者に生ずる平均的な損害を超える解約料を消費者に対して請求する条項。	「入学を辞退しても授業料は返還しません」「結婚式の解約料として代金の80%を請求します」
⑤高額な延滞料条項　消費者が金銭の支払を延滞した場合に、年利14.6%を超える延滞料を消費者に対して請求する条項。	「アパート家賃を滞納したら1日あたり1000円を加算して請求します」
⑥一般条項　民法等の任意規定等を適用する場合に比べて消費者の権利を制限し、または消費者の義務を加重する条項であって、信義誠実の原則※に反して消費者の利益を一方的に害する条項。	「3日以内にお客様から断りの通知がない場合は申込みがあったとみなします」、「講座の受講はお客様の都合で中途解約をすることはできません」

※　権利の行使と義務の履行は、信義に従い誠実に行わなければならないという民法の原則
（①④⑤⑥は2000年の立法時から。②は2016年改正、③は2018年改正で追加された）

が誤認した場合など、不当な勧誘によって結んだ契約を取り消せると定めました（前頁の表を参照）。

契約書や規約の内容は有効か？

契約書や会員規約には、事業者が取引する際の取り決めとして大量の文章が書かれています。しかし、私たちはそれを全部読み、全部理解して、契約を結んでいるわけではありません。

このような、顧客に共通に適用される取り決めを、**契約条項**とか**約款**といいます（以下、「条項」といいます）。消費者が条項を読んでいなかったとしても、それは原則として有効とされています。事業者は消費者との間で膨大な取決めを話し合って同意を得ていては時間がかかり、大量の消費者に対応することができません。そこであらかじめ条項を作っておいて、それに従うように求めるのです。

民法には**契約自由の原則**があります。当事者が同意したら条項を自由に決めることができるという考え方です。このため、民法の多くの条文は**任意規定**です。つまり当事者が条文とは異なる条項に同意した場合には、民法の条文ではなく条項のほうが優先するとされています。

この結果、条項を作る側の事業者が、自分に有利で、相手の消費者に不利な内容の条項を取り決めて手渡すことがまかり通っています。

そこで、民法や消費者契約法には、あまりに不公平な条項は効力を持たないようにする、つまり、**不当条項を無効とする**規定を置くこととなりました。ある条項が無効になった後は、条項の陰に隠れていた任意規定（民法のルール）が復活して適用されることになります。

民法では、契約相手に対して条項を示す必要があり、見せてほしいと求めても隠された場合は効力が生じないなどを定めています。消費者契約法では、不当条項の具体的な類型を設けてそれを無効としています（上の表を参照）。

また、適格消費者団体（→14頁）は、不当条項を使用しないように、事業者と交渉したり差止請求訴訟をする活動をしています。

条項規制の先進国は欧州諸国で、日本の不当条項の類型はまだ少ないため、さらに類型を拡充する必要があると考えられます。

21　クーリング・オフを知る

● クーリング・オフができるのは、どのような場合でしょうか？
● クーリング・オフはどのように通知をしたらよいでしょうか？

店舗販売と訪問販売の違い

　ふだんの買い物を振り返ってみます。お店で買うことを**店舗販売**といいます。実物を見たり、店員さんに聞いたりして情報を集め、どの商品がよいのか検討して、使えるお金の範囲で選びます。まず欲しいものがあり、自分に合ったものを選んで買う、これがいつもの買い物です。

　一方、**訪問販売**は販売員が自宅に来て勧誘する売り方をいい、トラブルが多いといわれます。店舗販売と訪問販売はどこが違うのでしょうか。

---

① 店舗販売では、どのようなお店かわかっており、購入後も故障や苦情を言いやすい。一方、訪問販売では遠方から来ているので、どのような業者かわかりにくく苦情も言いにくい。
② 店舗販売では買いたいものを考え、心の準備をしてお店に行く。一方、訪問販売では突然その商品を勧められる。つまり訪問販売には不意打ち性がある。
③ 店舗販売では来店客にウソをついたり脅かしたりすると地元で悪い評判が立つ。一方、訪問販売では他の地域に転進していく。

　訪問販売では、よい業者もいる一方で、悪質業者も混じっています。このため、断りきれずに買わされた、つい乗せられて契約した、悪質な勧誘をされたなどの問題が起こりがちです。そこで、1976年、訪問販売に関する法律（訪問販売法）、現在の特定商取引に関する法律（**特定商取引法**）を立法して訪問販売を規制することとし、クーリング・オフ制度を設けました。

クーリング・オフとは

　クーリング・オフ（Cooling Off）は、契約後、冷静になって考え直したらやめたくなったときに、一定期間に限り、結んだ契約を解約できるという特別な制度です。契約の解約は、取消し、法定解除、約定解除等に限られますが、クーリング・オフでは特別に、相手の業者に落ち度があってもなくても、相手に対して通知文を出せば契約は解約されるのです。

訪問販売のクーリング・オフの条件

⑴　不意打ち的な勧誘を受けたこと

　不意打ち的な勧誘には、家庭訪問販売のほかに、**キャッチセールス**（路上で呼び止めて店舗に同行する）、**アポイントメントセールス**（販売目的を隠して店舗に呼び出す）が含まれます。一方、店舗販売と通信販売は含まれません。

⑵　法定書面を受け取った日から8日が経っていないこと

　契約当初の8日間はもちろん可能です。さらに、業者には、**法律で定めた内容を記載した、紙の契約書（法定書面）**を渡す義務があり、業者がこの義務に反して法定書面を渡していない場合は、契約から8日を過ぎていてもクーリング・オフは可能とされています。

⑶　特定商取引法が規制する範囲であること

　ほとんどの契約が含まれますが、例外的に銀行、証券会社、NHK等との契約は含まれません。法定書面には**「クーリング・オフのお知らせ」**を赤字で印刷しなければなりません。クーリング・オフの条件や結果について、次頁の図

クーリング・オフのお知らせ

1. お客様が、訪問販売で契約された場合、本書面を受領された日から8日を経過するまでは、書面（右図参照）により無条件で契約の解除を行うこと（以下「クーリング・オフ」といいます）ができます。その効力は、書面を発信したとき（郵便消印日付など）から発生します。

2. この場合、①お客様は、すでに代金の一部又は全部を支払っている場合は、速やかにその全額の返還を受けることができます。②すでに引き渡された商品の引取りに要する費用は事業者が負担します。③お客様は、損害賠償及び違約金の支払を請求されることはありません。④お客様は、商品を使用して得られた利益に相当する金銭を請求されることはありません。役務の提供を受けた場合でもその対価を請求されることはありません。⑤役務の提供に伴い、土地又は建物などの現状が変更された場合には、無料で元の状態に戻す

よう請求することができます。

3. なお、健康食品、不織布及び反物、コンドーム及び生理用品、防虫剤・殺虫剤・防臭剤・脱臭剤、化粧品・毛髪用剤・石鹸・浴用剤・合成洗剤・洗浄剤・つやだし剤・ワックス・靴クリーム・歯ブラシ、履物、壁紙、配置薬については、消費した場合はクーリング・オフができなくなりますのでご注意ください（ただし、事業者がお客様に当該商品を使用又は消費させた場合を除きます）。

4. 上記クーリング・オフの行使を妨げるために事業者が不実のことを告げたことによりお客様が誤認し、又は威迫したことにより困惑して、クーリング・オフを行わなかった場合は、事業者から、クーリング・オフ妨害の解消のため書面が交付された日から8日を経過するまでは書面によりクーリング・オフすることができます。

記入例

右・・・令申
記商販販和込
日電品売売○み
付話名店店年日
の番・住名○
クー号役所・月
リ・務・○
ン住の日
グ所種
・（類
オフのリ申
ガ込
ナは
）ク
契ー
約リ
者ン
名グ
・
オ
フ
し
ま
す
。

□ 郵便はがき

○○○（販売店住所）
○○○販売株式会社 御中
・住所（フリガナ）
・契約者名

上図のように葉書等に必要事項を記入の上、販売店あてに簡易書留等で郵送してください。

（契約書のこの部分は8ポイント以上の赤字、赤枠で印刷。日本訪問販売協会『特定商取引法ハンドブック』10頁を改変）

は法定書面に印刷されている内容です。詳しく記載されているのでぜひ読んでみましょう。

クーリング・オフをする方法

相手の会社あてに**書面**で通知することです。

「クーリング・オフのお知らせ」を参考にして、葉書か封書で、クーリング・オフする旨を書き、証拠が残るようにコピーを取って、配達記録付きか簡易書留にした郵便を出します。メールやLINEや電話をすると業者に説得される可能性があります。業者に事前連絡はせず、書面を書いて郵便で通知するようにしましょう。書面の書き方、郵便の出し方などが心配なときは、最寄りの消費生活センター（共通電話番号188）に尋ねましょう。

その後の処理

相手の業者は、消費者に金銭的な負担をかけ

ないように**解約処理**をしなければなりません。

代金を支払う前ならば代金は免除され、支払った後ならば全額返金されます。受け取った商品を返品する必要がありますが、返送する費用は相手の業者が負担します。商品を使用したときでも使用料などは請求されません。

さまざまな契約へ広がる

クーリング・オフ制度は約50年前に始まり、消費者を救うために大変役立っています。現在は、訪問販売のほか、電話勧誘販売のような不意打ち的な勧誘を受けやすい契約、マルチ商法のようにしくみが複雑で理解に時間がかかる契約（→72頁）、エステティックサロンのように試してみなければわからない契約（→86頁）など、さまざまな契約に導入されて増加しています。108頁のクーリング・オフ一覧表を参照しましょう。

22 マルチ商法に気をつけよう

- マルチ商法にはどのような問題がありますか？
- マルチ商法をやめる方法はありますか？

マルチ商法とはどのようなものか

マルチ商法は、アメリカで発祥した、**マルチレベル・マーケティング**（multilevel marketing。直訳は多段階型販売）を略した呼び方です。

知人から「商品を紹介する仕事を、副業として始めないか」と呼び出されるところから勧誘が始まるようです。大まかなしくみは、(a)最初にお金を払って販売組織に入会し、販売員の資格を得る。(b)組織が扱う商品を友人知人に勧めて販売すると売上に応じた報酬が得られる。(c)販売実績を上げると次の段階に昇格して報酬の割合が上がる。(d)そのうえ、友人知人を販売員として入会させて自分の系列の下につけると下の者が販売した売上の一部も報酬として得られる、というものです。

つまり、自分が売った報酬（(b)）のほかに、下位の会員が売ったときに上位の自分にも報酬が配分されるしくみ（(d)）があります。自分の下に系列の会員を増やせば、多額の報酬を期待できるので、素人の消費者に、会員にならないかと勧誘の手が伸びてきます。しかし、宣伝されるように成功する者は多くないのが実態です。

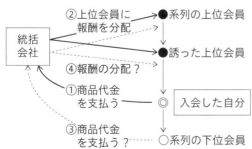

マルチ商法のお金の流れ

②上位会員に報酬を分配
●系列の上位会員
統括会社
④報酬の分配？
●誘った上位会員
①商品代金を支払う
◎ 入会した自分
③商品代金を支払う？
○系列の下位会員

2つのタイプがある

マルチ商法には、①若者を中心に、入会時に数十万円の高額商品を販売する**ピラミッド型**、②中高年層を中心に、数千円の化粧品、健康食品、洗剤などを繰り返し販売する**リピート型**の2つのタイプがあると考えられます。いずれも、**特定商取引法**の**連鎖販売取引**に該当するので、同法の規制を受けています。

ピラミッド型は、マルチ商法に参加したら儲かるかもしれないと夢を見た入会時に、高額な商品を売り込まれます。高額なので商品を購入する客を見つけるのが難しく、結局は次の入会者に夢を見させて入会させる時しか販売できません。会員が連鎖的に拡大しないと続かないので、ネズミ講と同じように持続する可能性は乏しく、トラブルが続発しています。

リピート型は、大手の企業も含まれており、得意客を大切にして化粧品等を繰り返し買ってもらえば、そのつど報酬が得られます。ピラミッド型と異なり持続する可能性はありますが、販売する商品の価格が数千円で、報酬はその一部なので、生活を支えるほどの報酬を得ている会員はわずかです。

どのような被害があるか

ピラミッド型では、実際には儲かっている者はわずかなのに、簡単に儲かるとウソの説明をして高額な商品を買わせることが多くみられます。学生などに消費者金融などでの借入れを勧めたり、多数の商品を一度に売ることもあります。入会して勧誘活動に失敗したときには、売

れない商品と数十万円、数百万円といった借金を抱えることになります。

友人を入会させると、その友人が損をして、自分は加害者の立場に立つことになります。**「友人を誘えずに自分が損をする」**か、**「友人を入会させて自分は得をしても今度は友人が損をする」**のどちらかです。自分の評判を落とし、友人を失うことにつながります。人生で大事に築いてきた友人関係を目の前の報酬目当てに切り売りすることになるのです。

リピート型ではトラブルは多くありませんが、上位会員の上昇欲が強くて、系列の下位会員に販売ノルマを課したり多数の商品の買い込みを求めたりした場合は、下位の会員が苦しみます。統括会社に対して指導を求めましょう。

特定商取引法の規制

特定商取引法は、説明でウソをつく（不実告知）、事実を告げない（事実不告知）、威迫して困惑させる、借金をさせるなどの行為を禁止し、法律で定めた、紙の契約書（法定書面）を交付することを義務づけています。マルチ商法を始めただけでは違法になりませんが、会員がウソをつく、法定書面を渡さないなどの場面で違法になり、統括会社や会員が処罰されます。

マルチ商法をやめる方法

（1）クーリング・オフ

入会者は、法定書面を受け取った日から起算して20日間以内に、クーリング・オフを通知すると入会契約と商品購入契約の両方を解除することができ、支払ったお金は返金されます。なお、数カ月、1年といった解約期間を設けている大手の企業もあるので、契約書やお客様相談室で確認しましょう。入会者には紙の法定書面を渡す必要があり、画面やデータでは渡したことになりません。法定書面を受け取っていなければ、クーリング・オフ期間はずっと続きます。

（2）契約取消しと中途解約

法定書面を受け取って21日以上経ち、クーリング・オフができない場合は、契約取消しや、中途解約制度を使うと、支払ったお金が戻ってくる可能性があります。最寄りの消費生活センター（→74頁）に相談しましょう。

> **コラム　ネズミ講とは**
>
> ネズミ講は　何代か上の会員に送金することが入会条件です。知人を勧誘し、その者がまた知人を勧誘して入会させていくと、「送金した金額が何倍にも増えて返ってくる」と勧められれます。
>
> 図は、3人ずつ増える組織の例です。入会時に2代上の会員に10万円送金し、入会者が下に広がると2代下（孫にあたる）の9人から10万円ずつ、計90万円受け取れるというのです。
>
> しかし、ネズミ講が無限に発展することは絶対になく、自分の下の系列が伸びていかなかった大多数の会員は大損をして終わります＊。
>
> ネズミ講は、一部の上位の会員が下位の会員から金銭を巻き上げ、社会に害悪を与える組織であるため、**無限連鎖講の防止に関する法律（ネズミ講禁止法）**によって、開設、勧誘、入会が禁止され罰則があります。
>
> ＊　全員が儲かるためには、入会者がネズミ算で増えることが条件です。3倍ずつ増えるとすると、1→3→9→27→81→243→729→2187……。この計算を続けていくと18段階目で約1億3000万人（日本の人口とほぼ同じ）に達します。

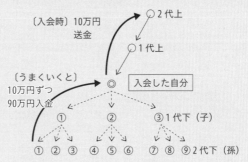

ネズミ講の例（3人勧誘。2代上に10万円送金）

23 消費者トラブルに対処する

- 消費者トラブルにあいました。解決のため、どこに相談すればよいでしょうか？
- 弁護士に依頼したいのですが、弁護士の費用がありません。どうすればよいでしょうか？

事業者のお客様相談室に申し出る

商品に不満を感じたり、苦情をもった消費者の声を、企業（事業者）はしっかり受け止めなければなりません。それは消費者の利益を守るだけでなく、事業者にとって商品・サービスの改善につなげるきっかけとなるからです。

事業者に苦情を申し出る際は、できるだけ、店舗の従業員ではなく本社の上層部を相手にしましょう。説明書やラベルに記載された**お客様相談室**に対して（それがわからないときは顧客担当部長などに）電話や手紙で申し出ます。状況についてメモをしておき、時系列に沿って冷静に事情を説明し、書類や写真など資料も示して、自分の希望を伝えます。事業者と直接話し合うことを、**自主交渉**や相対交渉といいます。いきなり SNS に書き込んではいけません。拡散して事業者に損害が出た場合には業務妨害や信用毀損の責任を問われる可能性があります。

消費生活センターに相談する

自分一人で交渉するのではなく、都道府県や市町村の消費生活センターに相談することもできます。消費生活センターは消費者の商品、サービスの購入に関する相談に乗ります。①消費者が自主交渉する際にアドバイスする、②相手の事業者に連絡をとり、両方の意見を聞きつつ解決に向けて**斡旋**をする、などを行います。自

消費者トラブル解決の方法

名　称	意味と役割	扱う機関	進行役	費　用	合意か命令か、強制執行力があるか等	法令の根拠
自主交渉	自分で事業者と交渉する	お客様相談室 業界団体	─	無料	解決するか不調になるかは、事案の内容と、相手と、進め方次第となる。	─
斡旋	事業者と消費者を仲介する	消費生活センター	消費生活相談員	無料	斡旋は合意で成立。不調の場合もある。合意に執行力はない。	消費者安全法 消費生活条例
ADR（裁判外紛争解決）	裁判以外の手続で和解をめざす	業界団体等のADR機関	その職員	無料または少額	和解は合意で成立。不調の場合もある。合意に執行力はない。	さまざまな法律
民事調停	互いに譲り合い、合意することをめざす	簡易裁判所	調停委員	調停申立費用	調停は合意で成立。不調の場合もある。調停調書に執行力がある。	民事調停法
訴訟（裁判）	通常の裁判	簡易裁判所 地方裁判所	裁判官	訴訟費用	判決で命令が出る。または和解する。確定判決、和解調書に執行力がある。	民事訴訟法
少額訴訟	1日裁判（60万円以下の金銭訴訟）	簡易裁判所	裁判官	訴訟費用	判決で命令が出る。または和解する。確定判決、和解調書に執行力がある。	民事訴訟法
越境消費者センター	外国の事業者とのトラブル交渉の援助	国民生活センター	その職員	無料	外国の事業者団体を通じて相手に苦情を伝える。命令力や執行力はない。	国民生活センター法
被害の集団的回復	特定適格消費者団体が、消費者被害を生じた事業者に返金義務があることを確認する訴訟を起こす。勝訴した場合に被害者に参加を呼びかけ、申し出た被害者に返金額から実費を差し引いて分配する。					消費者裁判手続特例法
日本司法支援センター（法テラス）	訴訟費用や弁護士費用などを支払う資力のない人に立て替える。都道府県庁所在地等にある。					総合法律支援法
弁護士会、司法書士会	弁護士・司法書士を紹介する。有料の法律相談。都道府県庁所在地等にある。					─
市役所で開かれる市民法律相談	地元の市役所が費用を出すので、無料で法律相談を受けられる。					─

治体の予算で運営され、相談は無料です。

消費生活センターが弁護士と異なるのは、相談した消費者個人の利益を守るだけではなく、それ以外の消費者がトラブルにあわないように消費者全体の利益を向上させる点です。相談者の了解を得て広報誌に事例の記事を載せたり、事業者に今後の改善を求めます。国民生活センターが運営する**全国消費生活情報ネットワークシステム**（PIO-NET）の端末機に、苦情内容（相談者の個人情報を除く）を入力するので、1年間で約90万件の苦情データが蓄積されています。各消費生活センターの斡旋の参考になるほか、法律の改正、事業者の取締り、消費者への注意喚起に役立てられています。消費生活相談は、消費者行政のアンテナにもなる機能です。

裁判外の紛争解決手続（ADR）

裁判所以外の団体が紛争解決を手伝うことをADRといいます。銀行、生命保険、証券などの業界団体による金融ADRや、国民生活センターの紛争解決委員会などがあり、消費者個人から申立てをすることができます。前述の消費生活センターも広義のADRの1つです。

裁判所を利用した救済手続

⑴　民事調停

簡易裁判所の調停委員会が、当事者双方の話を聞いて、お互いの譲り合いにより条理にかない実情に即した解決をめざします。裁判と違うのは争いが続き合意できなければ、調停不調で終わる点です。合意すれば調停調書を作成します。調停調書は確定した判決と同じ効力があり、差押えができるなど強制執行力をもちます。

⑵　訴訟（裁判）

140万円以下の訴訟は**簡易裁判所**が、それ以外の訴訟は**地方裁判所**が扱います。途中で両方が合意できれば和解もできますが、争いが続けば最後は判決で勝ち敗けが決まります。確定し

た判決や和解調書は強制執行力をもちます。

⑶　少額訴訟

60万円以下の金銭の支払いを求める場合は、簡易裁判所に**少額訴訟**を起こすことができます。迅速さを重視して手続を簡単にしており、当事者の主張、証拠調べ、証人の証言、判決が1日で終わります（1日裁判）。相手が通常訴訟を希望すれば、普通の裁判に移ります。敷金の返還トラブルなどに適しています。

⑷　法律家に依頼する

民事調停や少額訴訟は消費者本人でもできると考えられますが、通常の訴訟は弁護士や司法書士に依頼したほうが安心です。知り合いにいない場合は地元の弁護士会や司法書士会が専門分野を考慮して紹介してくれます。依頼するときに着手金、勝訴したときに成功報酬の費用が必要です。費用が心配な人には**日本司法支援センター**（法テラス）の立替え制度があります。

海外の事業者とのトラブル

海外事業者との間で、通信販売などでトラブルが生じた場合は、**越境消費者センター**（CCJ）が相手にメールで苦情を申し出るときの翻訳を助けています。相手の国の商工会議所などを通じて、苦情を伝え、相手が考えて対応してくれることをめざしています。

集団的な被害回復

多数の消費者が同じ被害を受けても、すべての消費者が訴訟を起こすことは難しいので、代わりに**特定適格消費者団体**（→14頁）が訴訟を起こし、相手の事業者は被害者に対し返金せよとの判決を求めます。勝訴したら被害者を募り、申し出た被害者の返金額をまとめて受け取り、申出者に分配します。2016年にこの制度が実施され、東京医科大学の不正入試事件の受験料の返金義務が認められました（東京地裁2020年3月6日判決）。

24 不当表示は規制される

● 広告を見て購入しましたが、期待外れでした。このようなことでよいのでしょうか？
● 不当表示をした事業者には、どのような処分がありますか？

広告や表示の重要さ

(1) 広告や表示にはルールがある

広告や表示が適切であることは、よりよい買い物をするために大切です。

広告や表示と、実際の中身が違う問題は「**誇大広告**」とか「**不当表示**」と呼ばれ、不当景品類及び不当表示防止法（**景品表示法**）などで禁止されています。このほか、食品、衣料品などの分野では、さまざまな法律によって一定の事項の表示が義務づけられています（→36頁、45頁など参照）。つまり、広告や表示は「禁止」と「表示義務」の両面のルールがあるのです。

(2) 景品表示法の不当表示と取締り

1962年、景品表示法が制定されました。高額な景品や大げさな表示につられて、実際には品質のよくない商品や割高な商品を買ってしまうと消費者が不利益を受けることから、表示や景品＊のルールを作るための法律です。

＊　景品の制限について、①懸賞（くじ引きの当選者やクイズの正解者に提供）では、景品の上限は購入価格の20倍、購入価格が1万円を超える場合は10万円が上限、商店街が主催する共同懸賞の上限は30万円、②総付景品（購入や入店をした全員に提供）では、購入額の20％に制限される。購入額が少額なときや購入者全員に渡す場合は200円が上限。ポイントや金券は将来の値引きと判断され、景品の制限を受けないとされる。

不当表示には、品質等を誤認させる**優良誤認表示**、価格や取引条件を誤認させる**有利誤認表示**、その他6件の**告示による不当表示**の3種類があり、禁止されています（次頁の表を参照）。

有利誤認表示の1つに、**不当な二重価格表示**があります。二重価格表示とは、通常価格を線で消して値引価格を表示したり、通常価格の横に割引シールを張るといった方法です。適切に表示されると値引き額が正しく伝わります。しかし、架空の通常価格を表示して割引き幅を大きく見せかけるのが不当な二重価格表示です。

通常価格として表示するためには、実際に長期間その価格で販売している実績が必要です。たとえば、メーカー希望価格が存在しない冷凍食品なのに高値の希望価格を創作して表示して大幅な値引きを装ったとして、多数のスーパーが行政指導を受けました。

不当表示をした事業者には、消費者庁が、①**措置命令**、②**課徴金納付命令**をします。

措置命令は、その不当表示をやめること、消費者の誤認を改めるため訂正広告等をすること、再発防止のため従業員に周知すること、などを命令します。

課徴金納付命令は、事業者が不当表示をしていた期間に不当に儲けたお金を取り上げて国に納付させる制度です。課徴金は不当表示をした商品の売上額の3％（最大3年間）、最近では、少額な事例では1社で160万円、高額な事例では1社で約5億円を納付させたものがあります。事業者が自主申告（いわゆる自首）したり、消費者に自主的に返金したりした場合は課徴金を減額するしくみをとり、自主申告や返金を促しています。

景品表示法の不当表示の3類型

類　型	事　例
(1)優良誤認表示 品質（性能、効果、原材料等）、規格（等級等）、その他の内容（原産地、製造方法、有効期限等）について、 ①実際のものよりも著しく優良であると一般消費者に誤認される表示 ②事実に相違して競争事業者のものよりも著しく優良であると一般消費者に誤認される表示	①セーターに「カシミヤ100％」と表示したが、実際にはカシミヤ混用率は80％だった。 ①宅配便で「翌日配達」と表示したが、実際に翌日配達されるのは一部の地域だった。 ②健康食品に「他社の2倍の栄養成分」と表示したが、実際には他社とたいして変わりなかった。
(2)有利誤認表示 価格や取引条件（割引や特典の適用制限、数量、アフターサービス、保証期間、支払条件等）について、 ①実際のものよりも著しく有利であると一般消費者に誤認される表示 ②競争事業者のものよりも著しく有利であると一般消費者に誤認される表示	①「通常価格1万円の商品が5000円」と表示したが、実際には通常価格は6000円だった（不当な二重価格表示）。 ①土産物を過大に包装し、実際に箱を開けると中身はわずかだった（アゲゾコ、ガクブチなど過大包装）。 ②店舗に「地域最安値」と掲示したが、実際には近隣の店より安くなかった。
(3)国の告示によるもの〔計6件のうち2件を抜粋〕 ①**おとり広告**　広告商品を店舗に充分用意せず、消費者が来店したら「売切れ」と告げて別の商品を購入させる。 ②**原産国表示**　A国製の商品にB国の国名、国旗、事業者名等を表示し、A国製である旨を明瞭に表示しない。	①午前中に来店したのに特売商品が売り切れ、通常商品を購入した。（ただし、広告に限定個数を書けばよい） ②国内の有名な産地名を大書していたが、実際には外国産だった。

（消費者庁「よくわかる景品表示法と公正競争規約」の事例を参考に作成）

不正競争防止法、刑法による処罰

　不当な表示をする事業者がいると、他の真面目な事業者は、売上げが落ちて損失を被ります。公正な競争が大切なので、**不正競争防止法**は偽装表示や偽ブランド品の販売などを禁止しています。違反したら刑事罰があります。

　不当表示が極めて悪質な場合は、刑法の**詐欺罪**（人をだましてお金を受け取る）で処罰されることもあります。

不正競争防止法で禁止される表示
① 　他社のものと同一または類似の表示をして混同させる。商品形態を模倣する（偽ブランド品、模倣品）。
② 　商品の原産地、品質、内容、製造方法、用途、数量について誤認させるような表示をする（偽装表示）。

不当表示の予防

　消費者庁は、不当表示のため措置命令等をした事例を公表しています（同庁HP「景品表示法における違反事例集」）。これによると一部の悪質な事業者だけではなく、百貨店、外食チェーンなど大手の事業者も不注意による事件を起こしています。このため、景品表示法は不当表示を予防するための対策を設けています。

(1) 社内での自主的な措置
　消費者庁は事業者に指針を示しています。たとえば、生産部門、調達部門と広告部門の連絡をよくして品質が変わったらすぐ広告を変更すること、訴求力の強い表現をする場合は根拠データを確認すること、などを呼びかけています。

(2) 業界ごとの公正競争規約
　事業者は、不動産、食品、旅行などの業界ごとに公正取引協議会を作り、その業界における表示のルールである**表示に関する公正競争規約**を定め、消費者庁等が認定しています。たとえば、不動産業界では「新築とは新築1年以内の物件に限る」、「駅から徒歩○分とは80メートルを1分と換算する」こと、チョコレート業界では、ミルクチョコレート、生チョコレート等と表示できる条件が定められています。公正競争規約は65の業界で制定されています。

25 インターネット通販を安全に使う

● インターネット通販を利用するとき、どのような点に注意すればよいでしょうか？

特定商取引法によるインターネット通販のルール

(1) 広告に関するルール

インターネット通販では、いつでもどこでも利用できるというメリットがありますが、離れている者同士の契約なので、履行（引渡しと支払い）が同時にできないことが多いので、詐欺が発生しやすいことや、実物を見ず広告や表示を頼りに契約するのでトラブルが生じやすいことなどのデメリットもあります。

そこで、特定商取引法では、下記のような広告規制を中心にしたルールが実施されています。

① 取引条件や販売業者に関する情報など広告に表示する事項を定め、表示を義務づけ

② 虚偽・誇大広告の禁止

③ 消費者があらかじめ承諾しない限り、電子メール広告を送信することを原則禁止

(2) 契約解除に関するルール

通信販売にはクーリング・オフ制度（一定期間内であれば無条件で契約解除ができる制度。→70頁）がありません。訪問販売や電話勧誘販売と違って不意打ち性がなく、消費者が主体的に行動して契約するからです。自己都合による契約解除については、事業者が事前に定めた特約（いわゆる「返品特約」）に従うことになります。「返品不可」という特約も有効です。申込み前に返品の可否、返品できる場合はその条件などの「返品特約」を確認する必要があります。

「返品特約」の記載がない場合は、特定商取引法による契約解除のルールが適用され、商品を受け取った日から8日間は、消費者の送料負担で返品ができることになっています。特定商

取引法による契約解除のルールよりも「返品特約」が優先されてしまうことに注意が必要です。

定期購入トラブル

(1) トラブルの内容

定期的に商品を引き渡し、購入者から解約の申入れがない限り契約が継続される販売形態を**定期購入**といいます。最近、健康食品や化粧品のネット広告で「初回お試し価格」などと表示された格安価格を見て1回限りのつもりで注文したところ、定期購入になっていて2回目以降の高額な請求を受けたなどというトラブルが多くなっています。

トラブルの多い定期購入の広告画面例

飲むだけでダイエット！
　すっきりサプリとくとくコース
　通常価格5000円（送料500円）が、

⬇

90% OFF
初回お試し価格500円　送料無料

2回目以降も、特別価格
20% OFF　4000円（送料無料）

［今すぐ注文する］

4カ月継続が条件となっております。
5回目以降、解約ご希望の場合は、
発送日の10日前までにお電話で
お申し出ください。

(2) 定期購入に関する規制

(A) 広告規制

特定商取引法による通信販売の広告規制では、定期購入である場合、代金の総額（期間の定め

がない場合は、半年分や1年分などのまとまった単位で目安を表示）、代金の支払時期と方法、商品の引渡時期、契約期間等の条件を表示しなければならないルールになっています。

「初回」という表示があれば、2回目以降がある定期購入の可能性があります。強調された「初回」の価格だけを見て判断するのではなく、広告をよくチェックし、どのような契約になっているのか確認する必要があります。

〔B〕　注文内容確認画面の規制

注文確定前に表示される注文内容の確認画面いわゆる最終確認画面において、下記のように、定期購入契約の主な内容のすべてが表示されていなかったり、その一部が離れた場所に表示されていてわかりにくい場合は、「顧客の意に反して契約の申込みをさせようとする行為」（消費者が思っていたのとは違う契約の申込みをさせようとする行為）に該当し、行政指導の対象となる可能性があります。

わかりにくい注文内容確認画面例

```
［ご注文内容の最終確認］
○注文明細
　商品名　すっきりサプリとくとくコース
　商品価格　　500円（税抜）
　送料　　　　無料
　消費税　　　40円
　合計　　　　540円（税込）
○お届け先
　お名前　○○　○○
　住所　〒100-××東京都××区××町××
○支払方法　コンビニ後払い
　［注文を確定する］　☞
……………………………………………………
……………………………………………………
……………………………………………………
～～～～～～～～～～～～～～～～～～～～～～
・すっきりサプリとくとくコースは、
　4カ月間の定期購入契約となります。
・4カ月間の定期購入を条件に、初回が540円
　（送料・税込）になります。
・2回目から4回目までは1回あたり4320円
　（送料・税込）になります。
```

(3)　景品表示法による不当表示の禁止

定期購入のトラブルになりやすい健康食品の広告には、摂取前後の写真とともに「飲むだけでダイエット！」などと大きく表示し、根拠もないのに簡単に痩せられると誤認される広告が目立ちます。このような不当表示は**景品表示法**で禁止されています（→76頁）。大けさな広告に惑わされないことが重要です。

詐欺サイト・偽サイト

販売事業者による独自サイトは、事前チェックを受けることなく開設できるので、信頼できるサイトかどうかを消費者自身がチェックする必要があります。

近年、大幅値引きや格安な価格を表示をしたサイトを見つけて商品を注文し、サイトの指示に従って前払いをしたけれども商品が届かない、注文した商品と異なるものや偽物が届いたなどという詐欺サイト・偽サイトによるトラブルが発生しています。ブランドの公式サイトに偽せた不正なサイトもあります。

支払方法が前払いで個人の銀行口座への振込みとなっている、電話番号の表示がない、海外の住所や実在しない住所が表示されている、日本語の文章表現が不自然であるなどの不審な点があれば、安さにつられず、利用を避けましょう。クレジットカード番号を入力させ、クレジットカード番号をだまし取る**フィッシングサイト**による被害も発生しています。入力する前に不審な点がないかチェックしましょう。

デジタルプラットフォームが介在する取引

取引の場を提供する**デジタルプラットフォーム**には、オンラインモール、インターネットオークション、オンラインフリーマーケット（フリマ）などがあります。

⑴　オンラインモール

Amazon、楽天市場、Yahoo!ショッピングなどのオンラインモールでは、多くの販売店が出店しており、品揃いも豊富なので、消費者は商品を比較して選択することができるというメリットがあります。また、販売業者がオンラインモールに出店するにはオンラインモールの審査を受けますので、詐欺的なトラブルにあう可能性は低くなります。しかし、「商品説明どおりの商品ではなかった」、「届いた商品に不具合がある」、「苦情を言っても対応してくれない」などのトラブルが発生することがあります。

このようなトラブルがあっても、オンラインモールは取引の場を提供しているにすぎず、売主ではない場合は、原則として債務不履行責任を負いません。オンラインモールが任意で補償制度*1を設けている場合もありますので、オンラインモールの利用規約で補償制度の有無や適用されるケースを確認するとよいでしょう。売主である販売店の利用規約も必ずチェックし、返品特約や商品に不具合があった場合の対応について事前に確認する必要があります。

⑵　インターネットオークション

インターネットオークションは、売り手が出品し、買い手が希望の価格を提示し、最高価格をつけた人が落札するという取引を、インターネット上で行う競売のことです（ヤフオク、モバオクなど）。

消費者は売主として出品することもできます。売主・買主ともに消費者である場合は、「個人間取引」となります。個人間取引の場合、特定商取引法や消費者契約法規制がかかりません。また、オークションサイトは取引の場を提供しているだけで、契約当事者ではありませんので、売買契約にトラブルが発生しても原則として債務不履行責任を負いません。信頼できる相手かどうか、自ら判断する必要があります。

なお、利用規約で、トラブルの解決は当事者間で解決するように求められていますが、オークションサイト運営業者の基準による補償制度*1を設けているところもあります。また、エスクローサービス*2という決済のしくみや、出品者に対する評価制度*3を導入しているところもあります。

> ＊1　商品が届かなかったり偽ブランド品が届いたりするなどのトラブルがあった場合に、サイトの運営業者の基準と判断で利用者に代金相当額の補償を行う制度。
> ＊2　サイトの運営事業者が出品者と購入者の間に入って、購入者からいったん代金を預かり、購入者が商品を受け取ったことを確認してから、出品者に商品代金を支払うしくみ。
> ＊3　購入者が商品を受け取った際に、購入者が出品者の評価を行う制度。評価をすることで受け取ったことが確認され、エスクローサービスによって出品者に商品代金が支払われ、取引完了となる。

⑶　オンラインフリーマーケット（フリマ）

インターネット上で個人間取引ができるオンラインフリーマーケット、いわゆる**フリマ**（メルカリ、ラクマ等）の利用者が増加しています。

プライバシーに配慮し、出品者と購入者がお互いの氏名・住所・電話番号等の個人情報を知らせることなく取引が行える匿名配送サービスも行われています。一方で、「商品が届かない」、「商品が壊れていた」、「偽物が届いた」、「商品を送ったのに、商品代金が支払われない」などのトラブルが発生しやすくなります。取引の場の提供者にすぎないフリマ運営業者は、契約当事者ではありませんので、売買契約にトラブルが発生しても原則として債務不履行責任を負いません。取引をする前に、信頼できる相手かどうか、自ら判断する必要があります。

なお、利用規約で、トラブルの解決は当事者間で解決するように求められていますが、フリマ運営業者の基準による補償制度を設けているところもあります。

フリマ運営事業者は、トラブル防止のために、利用規約に定める違反行為の通報を受け付けたり、違反者に対して利用停止等の措置を行うことがあります。また、エスクローサービス、評

価制度を導入しているところもあります。

(4) チケット転売仲介サイト

チケットを購入しようとしてインターネットの検索サービスを利用すると、上位に、海外のチケット転売仲介サイト（viagogo など）が表示されることがあります。フリマと同様に出品者が個人の場合は個人間取引となります。また、チケット転売仲介サイトを悪用して、売買目的で人気のコンサートやスポーツイベントなどのチケットを買い占め、高額で転売する不正転売が行われることがあります。このような不正転売を防止するために、下記のようなルールが設けられたので、チケット転売仲介サイトの利用は控えましょう。

(A) 興行主によるチケット転売禁止

興行主や公式チケット販売会社が、規約でチケットの第三者への譲渡、転売を禁止していることがあります。転売禁止のチケットでは入場できないおそれがありますので、公式チケット販売サイトから購入する必要があります。公式チケット販売サイトで購入して、もし行けなくなった場合は、そのチケットを希望する人へ転売することができる公式リセールサイトを設けているところもあります。

(B) チケット転売仲介サイトによるチケット高額転売禁止

高額転売目的で入手したとみなしたチケットの販売、出品を禁止しているチケット転売仲介サイトもあります。転売仲介サイトで購入するのを避けるだけではなく、出品することもやめましょう。

(C) 法律によるチケット転売禁止

日本では、2019年に**特定興行入場券の不正転売の禁止等による興行入場券の適正な流通の確保に関する法律**（チケット不正転売禁止法）が施行され、チケットの高額転売の一部が禁止されています。

インターネット通販利用時の注意点

インターネット通販による、トラブルを避けるために、チェックポイントを押さえておきましょう。

① 信頼できる販売サイトを選ぶ

ⓐ 「特定商取引法に基づく表示（または表記）」のチェック

販売業者名、所在地、電話番号等の記載があるか確認しましょう。所在地が海外の場合は、トラブル時に日本語で連絡がとれない可能性があります。

ⓑ JADMA マークの有無のチェック

特定商取引法により位置づけられている公益社団法人日本通信販売協会の正会員のサイトには、JADMA マークが表示されています。適正販売のための自主ルールが定められているので、信頼できるサイト選びの目安になります（→119頁）。

ⓒ 支払方法のチェック

前払いで、個人名義の口座への振込みになっている場合は、詐欺サイト・偽サイトの可能性があります。利用を避けましょう。クレジットカード決済の場合は、フィッシングサイトでないか URL に不審な点がないかチェックしましょう。セキュリティソフトを利用すると詐欺サイトへのアクセスが低減できます。

② 購入条件、返品・解約条件のチェック

ⓐ 「お試し」「初回」などの表示がある場合は、定期購入になっていないか

ⓑ 解約できる場合は、その方法・条件

ⓒ 返品特約（返品の可否、返品できる場合の条件）

③ 広告や注文内容確認画面を印刷またはスクリーンショットで、証拠を残す。

26 情報通信・放送のルールを知る

● スマートフォンの契約をするときには、どのような点を確認すればよいですか？
● NHK の受信料は、なぜ支払わなければならないのですか？

スマートフォンと通信サービス

インターネットの発達によって、私たちの生活はとても便利になりました。特にスマートフォンは生活の必需品のようになっており、携帯電話や電子メール以外に、SNS による情報交流、インターネット通販、動画や音楽配信、ゲームなど多種多様なサービスが利用できます。

スマートフォンをインターネットに接続するための移動通信サービスは、基地局をもつ通信事業者 MNO（Mobile Network Operator）である NTT ドコモ、KDDI（au）、ソフトバンク、楽天モバイルだけでなく、基地局をもたず MNO から回線を借り受けて自社ブランドで販売している MVNO（Mobile Virtual Network Operator：仮想移動体通信事業者）、いわゆる格安スマホの通信事業者からも提供されています。通信サービスのプランもさまざまで、データ量無制限のプランもあれば、データ量や速度に制限のある格安プランもあります。端末（スマートフォンなどの機器）についても、高機能の最新機種は高額ですが、高機能にこだわらなければ手頃な価格の端末もあります。自分の利用の仕方や月々支払可能額などを考えて、自分に合った契約をすることが大事です。

電気通信事業法の消費者保護ルール

インターネットが身近になったものの、通信契約の内容や料金が複雑で消費者にはわかりにくく、契約トラブルが多く発生しました。

たとえば、「スマートフォン実質０円」などと表示し、あたかも端末が無料で入手できると消費者を勘違いさせることがありました。実は、２年間払いの割賦販売による端末の購入契約と、２年間継続の通信契約（いわゆる２年縛り）をセットですることを条件として、端末代金相当額を、通信料から月々割引くしくみになっていました。しかし、契約時には特典ばかり強調され、十分な説明がされませんでした。

契約期間中に解約すると解約料を請求されるだけでなく、無料だと思っていた端末の分割払金を一括請求され、トラブルになりました。

そこで、新たな消費者保護ルールを導入するために、電気通信事業法が2015年に改正され、書面交付義務、初期契約解除制度、適合性の原則を導入した説明義務、不実告知等および勧誘継続行為の禁止などが定められました。この消費者保護ルールは、スマートフォンなどのモバイル通信サービスだけではなく、光回線やケーブルテレビによるインターネットサービス、プロバイダーサービスなどの固定通信サービスにも適用されます。

モバイル通信サービスについては、さらに、2019年に通信料金と端末代金の完全分離などを内容とする改正が行われています。

(1) 書面交付義務

契約が成立したときは、遅滞なく、契約書面を利用者に交付することが義務づけられています。契約書面の記載事項は、通信事業者の名称・連絡先等、通信役務の内容、料金その他の経費、割引の条件、付随する有料オプションサービスの名称・料金・解約条件等、初期契約解除制度または確認措置が適用される場合はその詳細などです（初期契約解除制度、確認措置につ

いては(2)を参照)。

契約書面は必ずしも紙の書面である必要はなく、利用者の承諾を得て電子メールやウェブサイト等による電子書面で交付されることがありますので、意識して契約書面を確認することが必要です。

(2) 初期契約解除制度

Ⓐ 初期契約解除制度とは

一定の範囲の通信サービスの契約について、契約書面の受領日を初日とする8日間は、理由にかかわらず書面により通信サービスの契約解除ができる制度です。しかし、主要な移動通信サービスについては、初期契約解除制度に代えて、Ⓒの確認措置がとられています。どちらが適用されるのかは、契約書面で確認することができます。

Ⓑ 初期契約解除制度とクーリング・オフ

初期契約解除制度はクーリング・オフと似た制度ですが、次の表のように異なる点があります。初期契約解除制度では、利用者に対し、契約解除までの利用料等、一定の経済的負担を求めることができます。

なお、初期契約解除制度は、通信サービス契約のみが対象になっており、同時に購入した端末は対象でないことに注意が必要です。

初期契約解除制度とクーリング・オフの比較

	初期契約解除制度	クーリング・オフ
解除の対象	通信サービス	端末などの物品
行使期間	契約書面受領日を含む8日間	契約書面受領日を含む8日間
解除理由	不要	不要
解約料	不要	不要
解約料以外の消費者の経済的負担	契約解除までの利用料、工事費用、事務手数料（上限額あり）	不要
適用される販売形態	すべての販売形態	訪問販売・電話勧誘販売（その他連鎖販売取引等）
根拠法律	電気通信事業法	特定商取引法

Ⓒ 確認措置

現在のところ、楽天モバイル以外のMNO（NTTドコモ、KDDI（au）、ソフトバンク）だけではなく、一部のMVNOでも店舗販売や通信販売で契約する場合、初期契約解除制度に代えて、総務大臣の認定を受けて適用することができる確認措置がとられています。

確認措置が初期契約解除制度と大きく異なるのは、下記の点です。

初期契約解除と確認措置の違い

	初期契約解除制度	確認措置
解除理由	不要	・電波状況が不十分と判明した場合 ・法令等の遵守状況（契約前の説明や書面交付の状況）が基準に達しなかったことがわかった場合
契約解除の対象	通信サービスのみ	通信サービスと端末
行使方法	契約書面受領日を含む8日以内に書面で通知する	契約書面受領日を含む8日以内に通信事業者が指定する方法で申し出る

確認措置という抽象的な用語がわかりにくいので、事業者によっては「8日以内キャンセル」とか「8日間キャンセル」と表示している場合があります。キャンセルについて、契約書面で確認するだけでなく、契約前にも積極的に説明を求めることが必要でしょう。

近年、据え置き型ルーターをコンセントに差し込むだけで、屋内でWi-Fiが利用できるデータ通信サービスが提供されています。これは、ルーターまではモバイルデータ通信サービスの電波を利用しますが、コンセントに差し込むことによりルーターを固定して使用するので、モバイルルーターよりも電波状況は安定的です。固定回線である光回線ほど安定的ではありませんが、工事が不要というメリットがあります。

現在のところ、確認措置ではなく、初期契約解除制度を適用している事業者がほとんどです。

(3) 説明義務

通信事業者やその代理店（いわゆるショップ）は、契約前に、通信サービスに関する料金その他の提供条件の概要を説明しなければなりません。特に、高齢者や障害者等の利用者には、その知識、経験、契約目的に配慮した説明を行うこと（これを**適合性の原則**といいます）を義務づけています。

(4) 禁止行為

通信事業者または代理店が勧誘時に、重要事項について事実でないことを告げる行為（不実告知）や、勧誘を断っている利用者に勧誘を継続する行為は禁止されています。また、消費者に大手通信事業者の名前を告げるなど、消費者に契約先を誤認させるような不適切な勧誘によるトラブルが目立ったので、自己の名称を告げずに勧誘する行為を禁止しています。

(5) 通信料金と端末代金の完全分離等

2015年の電気通信事業法改正で消費者保護のルールが導入されたものの、通信サービスと端末のセット販売による2年縛り、他社からの乗換え客を優遇し利益提供を行うなど、顧客の囲い込みが行われ、通信事業者間の適正な競争が阻害されていまいた。そこで、2019年に競争促進のための電気通信事業法改正が行われました。

(A) 通信料金と端末代金の完全分離

継続利用を条件とする通信サービスとの端末のセット契約の場合に利益提供、たとえば、通信料金の割引、端末代金の割引、現金・商品券・ポイントによるキャッシュバック、他の商品・サービスの割引などの利益提供が禁止されました。ただし継続利用を条件としていないセット契約の場合の利益提供の上限は、原則税抜き2万円とされています。

(B) 行き過ぎた期間拘束の禁止

拘束期間の長さが一定基準（2年）を超える

もの、途中解約時の違約金が一定基準（税抜き1000円）を上回るもの、期間拘束の料金等の差が一定の基準（1カ月あたり税抜き170円）を上回るものは禁止されています。

(C) 代理店の届出制

代理店の不適切な勧誘によるトラブルが増加し続けたため、代理店を届出制とし、国が直接行政指導を行えるようになりました。

格安スマホ（MVNO）

顧客の囲い込みを是正する電気通信事業法の改正の影響もあり、大手通信事業者（MNO）の通信サービスから格安スマホ（MVNO）に乗り換える利用者が増加傾向にありますが、料金以外にどのような違いがあるのか事前に知っておくことが必要です。

格安スマホが低料金で通信サービスを提供できるのは、大手通信事業者の通信回線を利用するため通信設備の維持管理費がかからないというだけでなく、実店舗をもたないようにする、提供するサービスを限定するなど、コストを抑える工夫をしているからです。

その一方、格安スマホでは、実店舗をもてないため問合せ方法が電話やメールに限られ、対面でのサポートは受けられません。提供されるデータ通信量は比較的小さく速度制限があったりします。今まで無料だったサービスが有料オプションになることもあります。無料通話を利用するためには特定のアプリケーション（アプリ）を使用しなければならないことがあります。メールアドレスが提供されない場合には別会社のメールアプリを利用する必要があります。

有料放送と消費者保護ルール

ケーブルテレビ、衛星放送（スカパー！、WOWOW等）など多チャンネルの番組を提供する有料放送については、従来から放送法において、契約を締結し料金を支払う消費者の利益

を保護するために、役務提供義務、提供条件説明義務、苦情等処理義務、契約約款公表義務が定められていました。

消費者保護ルールをさらに強化するため、放送法が2015年に改正されました。書面交付義務、初期契約解除制度、不実告知等および勧誘継続行為の禁止、代理店に対する指導義務、適合性の原則を導入した説明義務など電気通信事業法改正の内容と同様の内容が盛り込まれています。

NHKの放送受信契約

わが国では、第二次世界大戦中の言論統制への反省から、国民の知る権利に応えてテレビ・ラジオで多様な意見や言論を放送するために、**公共放送**と**民間放送**の二元体制をとっています。

公共放送は、NHKが、一世帯あたり年間1万数千円から2万数千円の受信料を集めて運営しています。公共放送は、税金で運営する国営放送のような政府広報機関ではなく、広告料で運営する民間放送のように広告主（スポンサー）の影響を受けません。視聴率は高くないが社会の少数派に光をあてる番組、制作に時間や費用がかかる番組、教育番組、災害報道に力を入れる役割をもっています。

民間放送（日本テレビ、テレビ朝日、TBS、テレビ東京、フジテレビなど）は、民間企業から広告料を受け取って運営されています。無料で視聴できる半面、スポンサーの意向を無視できないこと、視聴率が求められるため多数の人に好まれる内容へ画一化するおそれがあります。

このように、わが国では、公共放送と民間放送が補い合い、放送局全体では、多様で自由な言論を国民に提供することがめざされています。

公共放送の運営費用を視聴者に負担してもらうために、放送法は、NHKの放送を受信することができる受信設備を設置した者は、放送受信契約を結ばなければならないこと（契約締結義務）を定めています。しかし、この規定に罰則がないため、現在、受信契約を結んでいる世帯は8割程度であるのが実情です。

ここまでの説明は、憲法やジャーナリズムの研究者の、**知る権利**ひいては**表現の自由**に基づく考え方です。一方、受信料を払わない人や民法の研究者などには、NHKを見ていないのに支払うのはおかしいとか、**契約自由の原則**（契約を締結するもしないも自由）ひいては**財産権の尊重**に基づいて受信契約を拒むことができるという考え方もあります。

NHKと未契約者が争った裁判で、最高裁判所は2017年12月6日、知る権利と表現の自由のほうを重くみて、放送法の規定は憲法違反とはならず有効なので契約締結義務があると判断しました。未契約者に対して（NHKが申し込んだ）受信契約を承諾するよう命じ、成立した受信契約に基づいてテレビを設置した月以降の受信料を支払うよう命じました。

受信料には、家族割引（一人暮しの学生や単身赴任者の5割引）や、免除制度（一人暮しで奨学金（学生支援機構含む）を受給している学生、生活保護、障害者、災害被災者等）もあるので利用しましょう。

受信料は、実際に視聴したことの対価ではなく、国民が少しずつ負担することで公共放送が企業や政府から財政面で支配を受けないようにし、多様な言論や表現、ひいてはわが国の民主主義の基盤となるものとされてきました。いまはNHKがインターネットで配信を始めるなど放送の枠組みが変わってきたので、受信料制度を再検討すべき時期にきていると考えられます。

27　美しくなるときに気をつけること

● 「美容医療」と「エステティック」とは何が違うのでしょうか？
● カラーコンタクトレンズを使うことに、リスクはないのでしょうか？

美容医療とエステティックの違い

　脱毛や痩身などの美容医療やエステティックの広告をウェブサイトなどで目にすることが多くなり、身近なサービスと感じている方もいるのではないでしょうか。どちらも身体を美化するという目的で行われていますが、美容医療とエステティックでは、何が違うのでしょうか。

　美容医療は、医師が行う医療行為です。医師の資格をもたないエステティシャンがするエステティックでは、医療行為はできません。たとえば、脱毛について、美容医療では強いレーザーを照射して毛根を破壊するレーザー脱毛が医療行為として行われますが、エステティックではパワーの小さい光線を照射する光脱毛が主流のようです。痩身について、美容医療では皮下脂肪を除去する脂肪吸引手術を行うことができますが、エステティックでは医療機器ではない器具や手によるマッサージなどの施術を行います。そのほか、美容医療では、二重まぶた、豊胸などの手術を行うことができます。

美容医療やエステティックによる危害

　美容医療は短期間で効果が出ることもありますが、身体にかかる負担が大きく、医療事故のリスクもあります。レーザー脱毛による熱傷、腫れ、色素沈着などの皮膚障害、メスによる手術による化膿などのトラブルがあります。

　エステティックでも、熱傷や腫れ、内出血などの皮膚障害のリスクがあります。

　このような危害にあわないためには、美容医療やエステティックを受ける前に、効果やリスクについて十分な説明を受けること、事業者の広告や説明だけでなく自分自身でリスクについての情報収集をすること、リスクを理解したうえで施術の必要性が本当にあるのか慎重に検討することが必要です。

　危害が発生した場合には、施術を受けた医療機関やエステテックサロンに申し出たうえで、すぐに信頼できる医療機関を受診しましょう。

医療法による美容医療の広告規制

　従来、医療法の広告規制ではウェブサイトは対象外とされていましたが、美容医療のウェブサイトでの広告が受診のきっかけというケースでのトラブルが多く発生しました。そこで、医療法が改正され、医療機関のウェブサイトに広告規制が導入されました（2018年施行）。

　具体的には、ウェブサイトでの体験談、誤認させるような術前術後（ビフォーアフター）の写真、虚偽広告、誇大広告などが禁止されています。

　強調された表示に惑わされず、広告全体を見て手術内容や契約条件を確認することが必要です。また、広告と異なる契約を勧誘された場合には、その場で契約しないことが重要です。

エステティックと美容医療の契約トラブルと特定商取引法による規制

　美容をめぐる契約では、「広告で安価な体験コースを見つけてエステサロンやクリニックに出向いたけれど、思いがけず高額な契約をさせられた」、「何回か通ったが、効果が感じられないので解約したい」などといったトラブルにな

ることがあります。

　従来、長期間継続する高額なコースの契約をさせた業者が、途中解約はできないこと、解約できても高額な解約料を支払う必要があることなどを契約書に盛り込んでいました。そのような被害の実情に対処するために、**特定商取引法**では、利用期間が1カ月を超え、総額が5万円を超えるエステティックや美容医療を、**特定継続的役務提供**という類型に指定して規制の対象とし、**クーリング・オフ**や**中途解約**の規定を設けています。

　この規定により、理由を問わず、契約書面を受け取ってから8日間はクーリング・オフの適用があり、無条件で契約解除ができます（→70頁、108頁）。

　クーリング・オフ期間経過後は、契約期間内であれば、理由を問わず、中途解約ができます。また、解約料が高額とならないように上限額も定められています。

　エステティックや美容医療のサービスを受けるために必要と言われて購入した化粧品や健康食品などは**関連商品**と呼ばれ、エステティックや美容医療のクーリング・オフや中途解約をすると同時に、関連商品もクーリング・オフや中途解約ができることになっています。

中途解約時に消費者が支払うお金の上限額

	役務提供の開始前の解約	役務提供の開始後の解約
エステティック	解約料2万円	解約前に受けた料金と、解約料（2万円または契約残額の10％に相当する額のいずれか低い額）の合計額
美容医療	解約料2万円	解約前に受けた料金と、解約料（5万円または契約残額の20％に相当する額のいずれか低い額）の合計額

カラーコンタクトレンズの安全性

　「目が大きく見える」などのうたい文句で販売されている**カラーコンタクトレンズ**を単なるおしゃれ用品と思っていませんか。色やデザインだけを重視して、安全性に問題のあるカラーコンタクトレンズを使用したり、不適正な使い方をしていると、目がかすんだり充血するなどのトラブルを起こし、角膜びらんや角膜潰瘍（かいよう）などの眼障害を発症することがあります。

　カラーコンタクトレンズの使用には安全面で大きなリスクがありますので、本当に使用する必要性があるのかよく検討することが大事です。

　カラーコンタクトレンズは、視力補正用コンタクトレンズと同様に、**医薬品、医療機器等の品質、有効性及び安全性の確保等に関する法律（薬機法）**で**高度管理医療機器**として規制を受けています。高度管理医療機器とは、人の生命および健康に重大な影響を与えるおそれがある医療機器として指定されているもので、販売には厚生労働省の許可が必要です。

　安価な海外製品の中には、カラーコンタクトレンズの色素が目に直接触れるような着色の仕方をしたものや、目に必要な酸素を通す性能（酸素透過性）が悪いものなど、眼障害の原因になる粗悪品があります。海外製品を入手できる個人輸入代行サイトの利用は避けましょう。

　カラーコンタクトレンズを購入する際には、眼科を受診し、眼科医の指示に従ったレンズを選択し、高度管理医療機器等販売業の許可証の掲示のある販売業者で購入することが重要です。

　取扱説明書等の添付文書をよく読んで正しく使用すること、目に異常を感じたらすぐに眼科医を受診することも大事なことです。

28 さまざまな旅の仕方

● 旅行予約サイトを利用するときの注意点は何でしょうか？
● 「ツアー」と「航空券＋ホテル」のプランでは、何が違うのですか？

旅行予約サイトの種類

　インターネットを利用して旅行の予約をする場合、宿泊業者や交通機関の直接サイトで予約する方法もありますが、多くの旅行商品が紹介されている旅行予約サイトの利用が多くなっています。旅行予約サイトには、下記の表のように4種類あります。

　なお、**OTA** とは、Online Travel Agents の略称で、旅行商品をインターネットで提供する「オンライン旅行取引事業者」のことです。

　自分が利用しようとしている旅行予約サイトがどの種類に該当するのかを確認する必要があります。

　海外 OTA サイトは、日本の旅行業法に基づく登録がなく、独自の規約や約款を適用しているので、旅行条件などがわかりにくい場合があります。また、予約サイトが日本語で表示されていても、問合せ窓口が日本語で対応していない場合もあります。格安なので予約したがキャンセルできなかった、二重予約になっていた、予約が取れていなかったなどのトラブルも目立ちます。また、旅行業法で定める営業保証金制度（旅行業者が倒産した際の申込者救済措置）の適用がありません。

　場貸しサイトやメタサーチの運営業者は、OTA とは異なり、旅行商品の紹介を行うだけで、契約当事者にはなりません。申込先や料金の支払先となる契約当事者は、申込者がサイト内で選択した宿泊業者、交通機関、旅行業者です。どの事業者とどのような内容の契約をすることになるのか、よく確認することが必要です。

旅行業法による旅行の種類

　国内 OTA サイトを見ると、「ツアー」、「航空券＋ホテル」、「航空券」、「ホテル」、「現地オプショナルツアー」などのメニューが並んでいます。海外 OTA サイトのほとんどは、「ツアー」がありません。

　ツアーとは「パッケージツアー」の略称です。「航空券＋ホテル」と「現地オプショナルツアー」などを組み合わせれば、パッケージツアーと同じような旅行ができそうですが、実は、旅行の種類が違います。

　日本の**旅行業法**では、募集型企画旅行、受注型企画旅行、手配旅行という種類があり、それぞれにルールを決めています。「パッケージツアー」は、募集型企画旅行に該当します（下記(1)参照）。受注型企画旅行は、申込者の注文内容に合わせて旅行業者が企画するオーダーメイドの旅行で、修学旅行などの団体旅行で利用されています。手配旅行は、申込者が選択した**航**

旅行予約サイトの種類

種類	特徴	サイト例
国内 OTA サイト	日本国内に事業拠点をもち、旅行業法に基づき観光庁や都道府県に登録をし、標準約款が適用される旅行会社が運営しているサイト	HIS、JTB
海外 OTA サイト	海外に事業拠点をもち、海外のサーバを用いて運営しているサイト	エクスペディア、ブッキングドットコム、アゴダ
場貸しサイト	宿泊業者や交通機関、旅行業者などに、旅行商品の紹介や申込みの場を提供するサイト	じゃらん（宿泊のみ）
メタサーチ	OTA サイトや場貸しサイトにある旅行商品を一覧にして紹介した比較サイト	トリップアドバイザー、トリバゴ、トラベルコ

空券やホテルを手配するサービスです（下記(3)参照）。

　募集型企画旅行と手配旅行では、キャンセル条件や補償の有無など大きな違いがあります。

旅行の分類

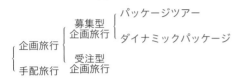

(1)　募集型企画旅行

　募集型企画旅行とは、一般に、旅行業者があらかじめ旅行を企画して価格等を決め、旅行者を募集して実施する旅行のことです。

　観光付きプランのほかに、滞在中自由行動のフリープランもあります。

　海外旅行の募集型企画旅行のキャンセルについては、通常は30日前から、旅行ピーク時で40日前からキャンセル料がかかります。

　募集型企画旅行は、標準約款に基づき、ツアー中の事故について旅行会社が補償する（特別補償）、二重予約で宿泊や搭乗を断られた際に旅行会社が代わりを探す（旅程管理、旅程保証）など、トラブル時に安心な面があります。また、自然災害などで旅行が実施できなくなった場合、キャンセル料がかかりません。

(2)　ダイナミックパッケージ

　最近、日本の大手航空会社が運営または提携している旅行業者では、利用者が航空券とホテルを選択できる旅行プランを**ダイナミックパッケージ**と呼んでインターネットで販売しています。後述(3)の手配旅行に該当する「航空券＋ホテル」と異なり、旅行業者が航空券（往復利用が条件）とホテルをリストアップし価格を設定して直接販売するので、募集型企画旅行に該当します。通常のパッケージツアーと同様、標準約款に基づく補償があります。通常のパッケージツアーと異なる点は、旅行直前まで空きがあれば予約できること、時価販売のため価格が毎日変わることなどがあげられます。

(3)　手配旅行

　OTA の「航空券＋ホテル」、航空券、ホテル、現地オプショナルツアーは、申込者が選択したものをそれぞれ手配する**手配旅行**に該当します。航空券を片道だけ購入することもでき、自分で組み合わせて、より自由な旅行ができますが、デメリットもあります。

　旅行業者は手配完了後のトラブルについて責任を負いません。何カ月も先の航空券とホテルをキャンセルした場合でも、キャンセル料がかかることがあります。自然災害などで航空機が欠航して旅行ができなくなった場合に、航空券の代金は返金されても、ホテルのキャンセル料がかかることがあります。予約前にキャンセル条件を十分確認することが必要です。

宿泊施設

　日本の宿泊施設には、旅館・ホテル、簡易宿所などがありますが、原則として**旅館業法**に基づく営業許可を取る必要があります。民宿、ゲストハウス、ペンション、ユースホステルは**簡易宿所**にあたります。

　民泊（みんぱく）は、一般の住宅を活用した宿泊サービスです。主に外国人観光客に利用されていますが、安全・衛生面の問題や近隣トラブルなどが多発したため、2018年に**住宅宿泊事業法**（民泊新法）が施行されました。

　住宅宿泊事業者（民泊業者）は、旅館業法に基づく簡易宿所の営業許可、国家戦略特区法（とっく）（2013年成立）（特区民泊）の認定、住宅宿泊事業法による届出のいずれかが必要です。民泊の管理業者や仲介業者も、住宅宿泊事業法による登録が必要です。民泊の予約サイトを利用する際には、登録の有無を確認し、宿泊に必要な料金の総額、キャンセル条件、鍵の受渡しの方法などをよく確認する必要があります。

29 キャッシュレス決済を使いこなす

● キャッシュレス決済はどのようなしくみになっているのですか？
● キャッシュレス決済を利用するとき、どのようなことに気をつければよいですか？

キャッシュレス決済とは

キャッシュレス決済とは、お札や小銭などの現金を使用せずに支払いをすることです。現金を触る必要がないだけでなく、キャッシュレス決済のツールであるスマートフォンやカードなどを販売員が触ることなく決済できる方法としても注目されています。

電車に乗るとき、改札機にICカードをタッチするのもキャッシュレス決済です。財布から現金を出して切符を買う手間がないので、幅広い年代に利用されています。コンビニエンスストアやスーパーマーケットでは、キャッシュレス決済専用のセルフレジを導入している店舗もあります。

キャッシュレス決済により、消費者の利便性向上だけでなく、店舗の作業時間短縮などの効率化、小規模店舗の売上拡大、外国人観光客の利便性への対応、地域活性化といった効果が期待されています。一方で、他人による不正利用などの被害が発生しており、セキュリティ対策が課題となっています。

キャッシュレス決済を、消費者が実際に支払う時期によって分類すると、**後払い型**、**即時払い型**、**前払い型**の3つに分類されます。

後払い型決済

⑴　クレジットとは

後払い型の代表的なものに**クレジット**があります。商品やサービスの購入の際、利用代金をクレジット会社が立て替え、その後消費者がクレジット会社に支払うという決済手段です。

クレジット会社は、消費者がどれくらいの支払能力（信用）があるのかを個人信用情報機関に照会するなどして、審査をします。

クレジットには、**個別クレジット**と**クレジットカード（包括クレジット）**があります。

⑵　個別クレジット

商品を購入するたびに分割払いの申込書に記入して提出し、審査を受けるというものです。

スマートフォンの分割払いで利用されており、たとえば、購入後に24回払いで毎月定額を支払っていくという支払方法です。自動車ローンも個別クレジットに分類されます。

⑶　クレジットカード（包括クレジット）

クレジットカードは、キャッシュレス決済として最も普及しています。インターネット通販でも、ほとんどのサイトで利用できます。店舗での利用の仕方も進化しています。磁気ストライプに代わり、より安全性の高いICカードを読み取り機に差し込む方法（接触型）が主流ですが、ICカードを読み取り機にタッチするだけの「タッチ決済」（非接触型）も登場しています。

クレジットカードの発行の申込み時に、クレジット会社の審査を受けますが、カード発行後は、買い物のたびに審査を受ける必要はありません。

⑷　クレジットカード決済のしくみ（オフアス取引とオンアス取引）

クレジットカードの中でも、国際ブランド（Visa、Mastercard、JCB など）のクレジットカードは、世界中の加盟店で利用できます。

国際ブランドのクレジットカード決済のしく

みは、近年では、次の図のような四者間取引が多くなっており、**オフアス取引**と呼ばれています。

イシュアーはクレジットカード発行会社で、アクワイアラーは販売店と加盟店契約をする会社です。アクアイアラーと加盟店の間に、加盟店契約の取次ぎや加盟店審査を行う決済代行業者が介在することも多くなっています。

なお、イシュアーとアクワイアラーが同一会社の場合もあります。その場合は三者間関係となり、**オンアス取引**と呼ばれています。

オフアス取引のしくみ

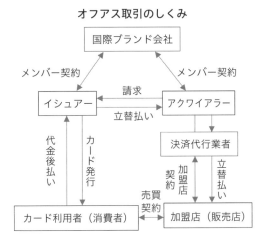

オフアス取引の増加に伴い、加盟店管理が行き届かないケースが生じ、加盟店でのクレジットカード番号等の漏えい事件や不正利用による被害が発生するようになりました。そこで、2016年改正の**割賦販売法**で、アクワイアラーや加盟店審査をする決済代行業者を、**クレジットカード番号等取扱契約締結事業者**として登録制にし、加盟店の調査を義務づけています。加盟店に対しては、クレジットカード番号の適切な管理やクレジットカード端末のIC対応化による不正利用防止対策を義務づけています。

⑸ 支払い停止の抗弁権

支払い期間が2カ月を超えるクレジットについては、注文した商品が届かないなど販売会社と契約上の問題が発生した場合に、クレジット会社への支払いを一時的に止めることができます。これは**割賦販売法**で認められた権利で、**支払い停止の抗弁権**といいます。なお、支払い停止の抗弁権は、契約解除ができる権利ではありません。注文した商品が届くなどして問題が解決した場合には、支払いが再開されます。販売店と話し合って契約を解除することになった場合は、販売店がクレジット会社に対してキャンセル処理の手続をとることにより請求がなくなることがあります。

⑹ クレジットの利用上の注意点

⒜ 使い過ぎに注意

クレジットは、他のキャッシュレス決済に比べ利用限度額が大きいので、使い過ぎに注意する必要があります。

支払方式のうち、翌月**一括払い**は手数料（利息のようなもの）がかかりませんが、**分割払い**やリボルビング払い（**リボ払い**）は手数料がかかり、支払総額が大きくなります（→32頁）。毎月の支払金額が一定であるリボ払いは、利用し過ぎると、いつまでも請求が続くという状況に陥りやすくなります。滞納すると、**個人信用情報機関**に事故情報として登録され、クレジットやローンが利用できなくなるおそれがあります（→33頁）。計画的な利用を心がけることが大事です。

⒝ 管理とセキュリティ対策

クレジットカードの紛失・盗難で不正利用された場合には補償制度がありますが、カードの裏にサインをしていなかったり、他人に推測されやすい暗証番号を設定していた場合は、補償の対象になりません。

また、クレジットカードは絶対他人に貸してはいけません。家族や知人に貸した場合、カード会社に支払義務があるのは、クレジットカードの契約者です。クレジットカードの登録をしているスマートフォンも安易に貸さないように注意する必要があります。

最近、スマートフォンに実在する企業などを装った SMS（ショートメッセージサービス）で URL を記載したメッセージを送りつけ、その URL からクレジットカード情報を入力させる画面に誘導し、クレジットカード情報をだまし取って不正利用する**フィッシング詐欺**が発生しています。不審なサイトでクレジットカード情報を入力しないなど、消費者にもセキュリティ対策が求められます。

即時払い型決済

即時払い型の決済手段として、**デビットカード**があります。商品やサービスの購入の際、利用代金が銀行口座の残高から引き落とされる決済手段です。カードを作る際にクレジットカードのような与信審査はありません。また、残高以上使ってしまう心配はありません。

デビットカードには、キャッシュカードをデビットカードとして国内の加盟店で利用できる **Ｊ -Debit**（ジェイ デビット）と、国際ブランドのデビットカードがあります。国際ブランドのデビットカードは、国際ブランドのクレジットカードの加盟店で利用できます。海外の ATM で現地通貨を引き出すこともできるで、現地で両替の手間が省けるというメリットもあります。

前払い型決済

前払い型の決済手段として、紙型の商品券（百貨店共通商品券、JCB ギフトカード）や磁気のプリペイドカード（図書カード、QUO カード）もありますが、最近よく利用されているのは、**IC 型プリペイドカード**や**サーバー型プリペイドカード**などの**電子マネー**です。

前払い型の決済手段は、**資金決済法**で**前払式支払手段**として規制を受け、プリペイドカード発行事業者が発行業務と利用を廃止した場合は、発行事業者に払戻しを義務づけています。それ以外は、原則として払戻しはできません。

(1) IC 型プリペイドカード

IC 型プリペイドカードには、流通系 IC カード（WAON、Edy など）や交通系 IC カード（Suica、ICOCA など）のほか、国際ブランドのプリペイドカードがあります。

事前にチャージ（入金）し、読み取り機で**タッチ決済**します。また、何度でもチャージして、繰り返し利用できます。チャージした以上の金額は使えないので、使い過ぎの心配はありません。ただし、残高が一定額以下になると自動的にクレジットカードからチャージするオートチャージ機能付きのカードは、使い過ぎに注意が必要であるとともに、紛失や盗難によって不正利用されないように管理することが必要です。

カードを申し込む際に与信審査はありません。

(2) サーバー型プリペイドカード

サーバー型プリペイドカードは、インターネットでのショッピングやコンテンツ購入の支払いに利用できる Amazon ギフト券、App Store & iTunes ギフトカード、Google Play ギフトカードなどが代表的です。カード発行会社が保有するコンピュータのサーバーの中にカード番号とお金の価値が記録されており、カードそのものがなくても、カード番号がわかれば利用することができます。他人にカード番号を伝えるだけでお金の価値を渡すこともできます。チャージができない使い切りタイプで、コンビニエンスストア等で誰でも購入できます。この匿名性を悪用して、サーバー型プリペイドカードを購入させ番号を伝えさせる詐欺が発生していますので、注意が必要です。

スマホ決済

スマホ決済とは、スマートフォンにクレジットカード（後払い型）、銀行口座（即時払い型。デビットカードがなくても口座情報があれば足りる）、IC 型プリペイドカード（前払い型）などの支払手段を登録し、スマートフォンをツール

として決済する方法です。登録した支払手段から事前に残高にチャージして残高から支払う方法と、登録した支払手段から直接支払う方法があります。

スマホ決済時の情報のやりとりの仕方で分類すると、QR コード決済とタッチ決済の2つのタイプがあります。

(1) QR コード決済

QR コード決済は、スマートフォンにダウンロードした決済アプリに支払手段を登録し、店舗でアプリの決済画面を表示して QR コードを読み取ると支払いが完了するという方法で、PayPay、LINE Pay、楽天ペイ、d 払い、au PAY などがあります。QR コードの読み取り方法には2種類あります。

QR コードの読み取り方法

店舗提示型コード決済	利用者提示型コード決済
店舗の端末に表示された QR コードを利用者のスマホアプリが読み取る	利用者のスマホアプリに表示された QR コードを店舗の端末が読み取る

(2) タッチ決済

読み取り機にスマートフォンをタッチするタッチ決済には、プラットフォームの Apple と Google が提供する Apple Pay と Google Pay があります。非接触型 IC チップを組み込んだスマートフォンで、タッチ決済を行うことができます。現在のところ対応機種や登録できる決済手段も限定的ですが、今後利用が増えていくことが見込まれます。

(3) 管理とセキュリティ対策

いつも所持しているスマートフォンで決済できるのは便利ですが、スマホ決済をした金額をその場で確認したり、アプリで利用履歴をチェックするなどして、いくら使ったか管理をすることが大事です。また、スマートフォンの紛失、盗難の際に他人に悪用されないように、スマートフォンのロック機能やパスワード設定などの対策は欠かせません。

最近、他人によりスマホ決済の ID・パスワードを不正に入手されて自分のチャージ残高を不正利用される被害のほか、他人のスマホ決済に自分の銀行口座が不正に登録されて引き落とされるという被害が発生しています。スマホ決済の ID・パスワードだけでなく、クレジットカード情報や銀行口座情報も漏らさない、不審なサイトで入力しないなど、消費者にもセキュリティ対策が求められます。

キャリア決済

キャリア決済とは、通信回線をもつ携帯電話会社（キャリアという）が、スマートフォンなどで利用するコンテンツの料金や提携しているショッピングサイトでの購入代金を、通信料と同時に請求する決済サービスです。

キャリア決済の種類

通信事業者	キャリア決済名
NTT ドコモ	・sp モードコンテンツ決済サービス ・d 払い※
KDDI（au）	au かんたん決済
ソフトバンク	ソフトバンクまとめて支払い
楽天モバイル	楽天モバイルキャリア決済

※ NTT ドコモの d 払いは、スマホ決済の機能ももっているので、実店舗での購入代金も対象となります。（前述の「スマホ決済(1) QR コード決済」参照）

利用上限額は比較的低いですが、延滞や不払いをすると通信契約を解約されるおそれがあります。

最近、携帯電話会社をかたった偽の SMS が届き、キャリア決済に必要な ID、パスワード等の入力画面に誘導され、入力して送信したら、他人に自分のキャリア決済が不正利用されるというフィッシング詐欺が発生しています。不審な SMS やメール内の URL に安易にアクセスしない、正規のサイト以外で ID・パスワード等の情報を入力しないなど、セキュリティ対策をしっかり行うことが必要です。

30 個人データの活用を知る

- ● SNS を利用するときの注意点は何ですか？
- ● SNS を無料で利用できるのはなぜでしょうか？

SNS

⑴　SNS とは

SNS とは、Social Networking Service の略で、チャットをしたり、情報や写真を共有したり、自分と同じ関心のある人を探したりする際に利用するサービスです。情報発信するだけでなく、利用者同士の交流もできます。代表的なものに、Twitter、Facebook、LINE、Instagram があります。SNS は、主にスマートフォンやタブレットにそのアプリケーション（アプリ）をインストールすれば、場所や時間を選ばずに使用できます。個人だけでなく、国や地方自治体、企業も活用しています。

⑵　SNS の安全な使い方

SNS を利用する際は登録することから始めます。登録方法は、招待制と登録制がありますが、事前に**アカウント***を作成し、取得します。一般的には、メールアドレスなどを ID として登録し、英数字などをパスワードに設定します。個人情報を登録することもあります。

アカウント作成時の危険性と注意点

危険性	注意点
・ID やパスワードを見破られる可能性がある	・ID やパスワードの作成時に、誕生日など個人情報がわかる数字や文字を入れない ・1234や7777など簡単なパスワードにしない
・ログインできない可能性がある	・ID やパスワードを忘れないようにする
・ID やパスワードを知られた場合、不正利用される可能性がある	・複数のサービスで同じパスワードを設定しない。利用するサービスごとに設定する

*　インターネット上のさまざまなサービスにログインするための権利。

招待制の SNS は、すでに SNS に登録している知人から招待を受け、登録できる権利を獲得します。基本的に顔見知りや交友関係のある人が招待されるため、健全性が保たれやすいです。登録制の SNS は、誰でも登録することができ、誰もが利用することができますが、利用規約に反したり、本来の目的外の利用をしたりする人がいる可能性があります。

SNS を利用するうえで注意したいことは、次のとおりです。

① 　SNS 上やインターネット上の情報は、必ずしも正確なものとは限りません。誤った情報を信じ、拡散すると、加害者になっ

SNS を安全に使うための危険性と注意点

危険性	注意点
・不正利用される可能性がある	・パスワードを聞かれても絶対に教えない
・知らないうちに盗まれてしまう可能性もある	・ネットカフェなど複数の人が利用するパソコンでは ID・パスワードは入力しない
・投稿された文章の積み重ねや写真に写った景色などで、個人情報が特定されることもある	・投稿する文章や写真は、自身の行動範囲（最寄り駅、学校、バイト先、制服、自宅から見える景色など）がわからないようにする
・GPS 機能のついたスマホやデジカメで撮影した写真には、設定によって、撮影した場所の位置情報など、さまざまな情報が含まれている場合がある	・SNS への写真掲載する際は、位置情報（GPS 情報）のついた写真を投稿しない
・書き込んだ情報が思わぬ形で拡散する危険もある	・不用意な発言、プライバシー情報の書き込みに注意する

てしまうこともあります。その情報が正しいか、その情報にかかわる個人や組織、機関に確認することが重要です。

② 知人・友人の写真や情報を無断で投稿することはプライバシーを侵害することになり、トラブルに発展する可能性があります。また、写っている人には肖像権（しょうぞうけん）があります。投稿する前に、知人・友人に必ず確認し、写真の取扱いに注意が必要です。

③ 写真、イラスト、音楽などの情報を発信する際には、著作権の侵害に注意しなければなりません。ほとんどのものは誰かが著作権を有しています。これらを、著作権者の許諾を得ないでSNS上に掲載した場合、**著作権侵害**にあたります。

④ SNSに**位置情報**付きの写真を投稿すると、自分の自宅や居場所を他人に特定されてしまう危険性があり、迷惑行為やストーカー被害などの犯罪の被害にあう可能性もあります。位置情報を外した設定をしたスマホなどで撮影した写真を投稿しましょう。

⑤ SNSに投稿した不用意な発言や内容により、他の投稿者から個人情報を公開されてしまう場合があります。その被害が家族や友人にまで及ぶこともあります。一度投稿した内容は完全に削除することはできません。投稿する前に十分に考えて投稿しましょう。

SNSで誹謗中傷（ひぼうちゅうしょう）した（根拠のない悪口などで他人を傷つけた）場合、発信者は、誹謗中傷受けた人（被害者）から損害賠償を求められるなど法的責任を問われることがあります。被害者はSNS業者に対し、IPアドレス（スマホ等の端末に割り振られた符号）と通信ログを開示させて携帯電話会社やインターネット接続業者を知り、次にその会社に対し、その発信は誰が行ったかを開示させて発信者の住所、氏名を突き止め、最後に発信者に賠償を請求します。

匿名で投稿したからといって逃げ切れるものではありません。SNSに投稿をする際、自分の発言に問題がないか、誤った写真を掲載しようとしていないか、話題にしている人が不快な気持ちになるような内容ではないかなど確認し、自ら責任をとれる範囲で投稿することが重要です。

⑶ **無料で使える理由**

無料で利用できるSNSは、日本国内に限らず、世界中に多くの人たちが利用しています。なぜ、無料でSNSを利用することができるのでしょうか。

SNSは、情報の投稿やコメント、他者の投稿を広める「シェア（共有）」や他者の投稿に賛同を示す「いいね」、さらにメッセージのやりとりをすることもできます。そのような機能を、国や地方自治体、企業が活用し、情報発信や宣伝・広告をする動きが活発になっています。

SNSを利用すると、広告が表示されます。SNS利用者が広告を見ることにより、企業の認知度を上げることや顧客を得ることにつながります。企業は、広告にあった商品やサービスを利用したSNS利用者のコメントやシェアを生の声として集めることができるメリットがあります。企業が広告料を支払うことで、私たちは無料でSNSを利用することができますが、私たちの個人情報と引換えであることを認識しておく必要があります。

広告に利用される個人データ

インターネットの、SNSを含むさまざまなサービスは、**デジタルプラットフォーム**と呼ばれる事業者によって提供されています。

デジタルプラットフォームとは、インターネットにおいて、商品・サービス・情報などを仲介する場を提供することで利用客を増やし、広告料で収益を上げる営業の仕方のことです。次頁の表のようにさまざまな事業者があります。

95

デジタルプラットフォームのサービスを初めて利用する際、アカウントを作成し、取得します。アカウント作成時に、年齢や性別、電話番号やメールアドレス、住んでいる地域などの入力を求められることが多いです。アカウント作成時に最低限の情報しか入力していない人が多いかもしれませんが、その情報をもとに広告などが配信されます。

インターネット上の広告の約80％は、運用型広告と呼ばれ、デジタルプラットフォームが集めた消費者の情報を利用して、一瞬で最適な（最も購入率が上がりそうで最も高い広告料を払ってくれる）広告を選び出しています。**人それぞれに異なった広告**が掲示されるのです。その方法には、①**属性ターゲティング広告**（利用者が登録した年齢、性別、住所等の属性を利用して広告をする）、②**行動ターゲティング広告**（利用者の購入履歴、閲覧履歴が記録されており、それを利用して興味関心や消費行動を推測した広告をする）などがあります。

そのしくみは、パソコン、スマートフォン等の機器は、インターネットのウェブサイトに初めて接続した時に、Cookie（端末識別子）を取得します。Cookie には、ユーザー名や、会員登録した氏名・住所などの情報が含まれており、そのウェブサイトに２回目以降に接続するつどパソコン等から Cookie が送信されるので、ウェブサイトはログイン前であってもそのパソコン等の利用者の情報を知ることができます。このようにしてウェブサイトには、私たちが閲覧をしたり購入をした履歴が Cookie を介して結び付けられ、個人データとして蓄積されていきます。デジタルプラットフォームはこれを利用して、広告会社のコンピュータとの間でどの広告を掲載するかを決め、画面に表示するのです。

デジタルプラットフォームは取引の相手

インターネットの広告費は、2019年に民間放送の地上波テレビ局が受け取る広告費を抜き、広告業界トップとなりました。デジタルプラットフォームは、広告料金を稼ぐのに不可欠な、属性や履歴などの個人データを利用者から受け取っているのです。

今までは、消費者はオンラインモール上の通信販売業者とは売買契約を結んでいるが、オンラインモール運営業者とは無料で利用するだけの薄い関係だと考えてきました。しかし、現在では、消費者と、オンラインモール運営業者をはじめとするデジタルプラットフォームの間で、「個人データと引き換えに仲介サービスを利用する取引」が成り立っている、と考えられるようになりました（次頁の図を参照）。そこで、デジタルプラットフォームは、利用者の情報や取

デジタルプラットフォームの主な種類

種　類	事業者の例	誰と誰との間の、何を仲介するか
オンラインモール	楽天市場	通信販売業者（出店者）と購入者との間の、売買契約を仲介する
アプリストア	グーグルプレイ	アプリ提供業者と購入者との間の、アプリ提供契約を仲介する
ネットオークション	ヤフオク	出品者と最高値の入札者との間の、売買契約を仲介する
フリマアプリ	メルカリ	個人の出品者と購入者との間の、売買契約を仲介する
旅行予約サイト	楽天トラベル	ホテル、旅行業者と旅行者との間の、宿泊等の契約を仲介する
検索サービス	グーグル、ヤフー	HP 作成者と閲覧者との間の、情報の閲覧を仲介する
SNS	ツイッター、LINE	書き手と読み手との間の、メッセージのやりとりを仲介する
ネットニュース	ヤフーニュース	新聞社、放送局と読者との間の、記事の閲覧を仲介する
コンテンツ配信	ユーチューブ	投稿者と視聴者との間の、動画・音楽等の視聴等を仲介する

引の安全性を守る役割を担うべきだと考えられ、新たな制度の検討が始まっています。

デジタルプラットフォームと消費者

【従来】

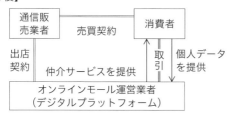

【今後】

個人情報保護法による個人データ保護

個人情報保護法のあらましを説明します。

一般の人の私生活をみだりに公開されると、プライバシーの侵害になります。一方、個人情報はプライバシーより幅広く、氏名、住所、電話番号、メールアドレス、生年月日など、その人（特定の個人）を識別できる情報を指します。

事業者は、購入してもらえそうな人を狙って宣伝したいと考えているので、消費者の生年月日、家族状況、興味や関心といった個人情報を知られると勧誘が押し寄せることになります。このため、個人情報を扱うときのルールが必要となり、2003年、個人情報の保護に関する法律（**個人情報保護法**）が制定されました。当初、個人情報の取得には利用目的を明示し、本人の同意なく第三者に提供できないなど「同意」がポイントでした。

その後、個人情報を扱う側の過剰反応[1]が問題となり、同意の空洞化[2]も課題となっています。最近ではビッグデータを活用するために個人が特定されないようにした匿名加工情報、仮名加工情報の保護が緩和されました。

[1]　震災時に助けるべき弱者の名簿作成をためらう、大事故で運ばれた病院が家族からの入院に関する問合せに答えないなど個人情報保護が行き過ぎたこと。
[2]　ネットの画面で、ほとんどの人は利用規約を読まずに「同意する」をクリックすること。

個人情報の保護のしくみ

種類	意味	情報を利用する際の主なルール
個人情報	生存する個人に関する情報で、氏名、生年月日等の記述により、または他の情報と容易に照合できそれにより、特定の個人を識別できるもの。個人識別符号を含む（マイナンバー・運転免許証・旅券番号・年金番号等の記号番号や、指紋掌紋・静脈・音声・顔・虹彩・歩行態様・ＤＮＡの身体特徴データ）。	事業者は利用目的以外に利用できない。不正な手段による取得を禁止する。情報が漏洩しないよう安全に管理する。本人の同意なく第三者へ提供することを制限する。本人は事業者に対し、情報開示請求、情報が誤っている場合の訂正請求、不適正な利用などがあった場合の利用停止や消去の請求ができる。
個人関連情報	クッキー・閲覧履歴・位置情報など、それ自体では特定の個人を識別できないが、第三者に提供した後、第三者が持つ他の情報と照合すれば特定の個人を識別できると想定されるもの。	事業者は本人に対して、第三者に提供した後には個人情報となることに同意する確認を取る。
匿名加工情報	第三者に提供するため、個人情報の一部を削除したり、大ぐくりな記述に置き換えて、特定の個人を識別できないように加工し、元の個人情報を復元できないようにしたもの。(例)交通系ＩＣカードの移動履歴やクレジットカードの購入履歴等を、個人を特定されないよう加工。	事業者が、目的外利用および本人の同意なく第三者に提供することを可能とする。本人は情報開示請求、利用停止、消去の請求はできない。
仮名加工情報	社内の内部分析用に限って、個人情報の一部を削除したり、大ぐくりな記述に置き換えて、他の情報と照合しない限り特定の個人を識別できないように加工したもの。	事業者が、目的外利用および本人の同意なく第三者に提供することを可能とする。本人は情報開示請求、利用停止、消去の請求はできない。

※　立法時は個人情報のみ。2015年改正で匿名加工情報を追加。2020年改正で個人関連情報、仮名加工情報を追加。

31　地球環境の危機と世界の取組み

● 地球環境問題とはどのような問題ですか？　世界はどのように取り組んでいますか？

地球環境問題の始まりと広がり

およそ46億年前、太陽を回る小さな惑星が衝突を繰り返して次第に大きくなり、地球が誕生しました。原始の地球は、灼熱のマグマの状態で、大気に酸素はほとんどありませんでした。約40億年前になると、深海底に最初の生命体である単細胞の微生物（バクテリア）が現れ、生物の進化が始まります。私たちの祖先（ホモサピエンス）が誕生したのは、わずか20万年前のことです。この新参者の人間は20世紀に入ると爆発的に増え、1900年に17億人足らずだった人口は、1987年に50億人に達し、2050年には98億人になるだろうと予測されています。

それに伴い、**自然環境の破壊**が急速に進みました。その原因は、㋐開発途上国の人口が急増し、都市へ人口が集中したこと、㋑1760年代に始まった産業革命を契機に、先進国の工業が発展し、生活が高度化・多様化し、資源・エネルギー消費が増大したこと、㋒近年は経済活動が拡大しグローバル化したことなどで、環境への負荷が加速しながら拡大したことです。

20世紀以降は、欧米や日本などの先進国で公害による環境汚染が発生し、1980年代からは、地球温暖化や酸性雨、オゾン層破壊など自然の復元能力を超えた、地球規模での異変がはっきりと現れるようになりました。

現在、**地球環境問題**には、①地球温暖化、②生物多様性の減少（野生生物種の絶滅）、③森林破壊（東南アジア、アフリカ、アマゾン流域の熱帯林の消滅が著しい）、④砂漠化の進行（樹木の伐採、家畜の増加、干ばつなど）、⑤海洋汚染（海の酸性化によるサンゴの白化、プラスチックご

みなど）、⑥酸性雨、⑦大気エアロゾル汚染（化石燃料の燃焼に伴って発生するPM2.5など）、⑧有害廃棄物の越境移動、⑨オゾン層の破壊、⑩インドや中国など開発が進む国の公害問題などがあります。

それぞれの問題は、因果関係が複雑に絡み合って発生し、被害や影響は一国内にとどまらずに地球規模で広がり、いったん生じると後戻りできない（不可逆的）ため、解決には世界諸国の国際的協調が不可欠になってきました。

「持続可能な開発」を共通理念として

国際連合は、1972年、環境問題をテーマとする**人間環境会議**で、世界の環境保全に大きな影響を与えた人間環境宣言を採択し、これを実行するため**国連環境計画（UNEP）**が設立されました。会議の開催日を記念して、国連は6月5日を**世界環境デー**と定め、日本でも6月を**環境月間**とし、さまざまな行事が行われています。

1992年、ブラジルのリオデジャネイロで、**国連環境開発会議（地球サミット）**が開催され、持続可能な開発を実現するための**リオ宣言**を採択し、温暖化問題に関する**気候変動枠組条約**と、野生生物の保護に関する**生物多様性条約**の2つの条約の署名を開始しました。環境保全をめざす先進国と、豊かになるため産業を重視する開発途上国の意見は対立しがちですが、このころから、**持続可能な開発**が共通理念となって、世界の国々の協調した取組みが本格化していきます。

2015年には、すべての国に共通の目標として、**持続可能な開発目標（SDGs。→18頁）**と、温室効果ガスの削減を求める**パリ協定（→100頁）**が採択されました。

環境に関する国連の会議、条約の動き

(条約は採択された年、カッコ内は正式名称または略称を記載)

1971年	**ラムサール条約**　（特に水鳥の生息地として国際的に重要な湿地に関する条約）
	日本のラムサール条約湿地は釧路湿原など52カ所、世界では2341カ所が登録（2019年現在）
1972年	**国連人間環境会議（ストックホルム会議）**
	人間環境宣言を採択。**国連環境計画（UNEP）** を設立
1973年	**世界遺産条約**　（世界の文化遺産及び自然遺産の保護に関する条約）
1985年	**ワシントン条約**　（絶滅のおそれのある野生動植物の種の国際取引に関する条約）
	ウィーン条約　（オゾン層[※1]保護のためのウィーン条約）　フロンガスの消費を抑制
1987年	**環境と開発に関する世界委員会**　持続可能な開発の考え方を発表
	オゾン層を破壊する物質に関するモントリオール議定書
	オゾン層破壊物質の特定フロンを全廃するスケジュールを制定
1988年	**気候変動に関する政府間パネル[※2]（IPCC）** 設立
1989年	**有害廃棄物の国境を越える移動及びその処分の規制に関するバーゼル条約**
1992年	**国連環境開発会議（地球サミット：リオ会議）**
	① **環境と開発に関するリオデジャネイロ宣言[※3]**（リオ宣言）の採択
	② **持続可能な開発のための行動計画（アジェンダ21）[※4]**
	③ **気候変動枠組条約[※5]** の署名開始
	④ **生物多様性条約[※6]** の署名開始
1997年	**国連気候変動枠組条約第3回締約国会議（COP3）**
	先進国に温室効果ガス削減を求める**京都議定書**を採択
2000年	**国連ミレニアムサミット**
	発展途上国の貧困や飢餓の撲滅をめざす、**ミレニアム開発目標（MDGs）** を採択
2002年	**持続可能な開発に関する世界首脳会議（リオ+10）**　アジェンダ21を検証し、ヨハネスブルグ宣言を採択
	生物多様性条約のバイオセーフティに関連するカルタヘナ議定書　遺伝子組換え生物の輸出規制
2012年	**国連持続可能な開発会議（リオ+20）**　グリーン経済の必要性を協調
2015年	**国連持続可能な開発サミット**　持続可能な開発目標（**SDGs**）を採択
	国連気候変動枠組条約第21回締約国会議（COP21）　締約国に温室効果ガス削減を求める**パリ協定**を採択

（注）　条約とは、外交の基本となる、国（または国際機構）と国との間の取り決め。日本では内閣が締結し（批准、受諾、承認、加入ともいう）、国会が承認することが必要。条約は法律以下の国内法に優先するので、条約締結当時の国内法が条約に対応していない場合は、国内法の改正が必要となる。条約により定められた締約国数などの要件を満たすと発効する。条約は、憲章、協定、議定書、条規、宣言、覚書などの名称が使われることもある。

※1　オゾン層は、地上10km～50kmの成層圏を指し、太陽光に含まれる有害な紫外線を吸収し、地球上の生物を守る。

※2　温暖化に関する科学的知見の収集・評価・提言を行う国連の組織。京都議定書やパリ協定の採択に重要な役割を果たした。

※3　地球環境保全や持続可能な開発のための理念や原則が掲げられた宣言。①世代間公平、②共通だが差異ある責任、③予防原則、④汚染者負担の原則、⑤環境影響評価などの概念を盛り込んだ。

※4　リオ宣言を実現するために国際社会が取り組む行動計画を具体的に規定した。アジェンダとは、議題や行動計画の意味。

※5　地球温暖化対策に取り組む国際社会の枠組みを規定する条約。締約国に温室効果ガス排出削減計画の策定、実施などを義務づけている。COP（Conference of the Parties）は締約国会議の意味で、各国政府が温暖化対策を交渉する政治の場となっている。COPの次に数字をつけて何回目の締約国会議なのかを示している。

※6　ワシントン条約やラムサール条約を補完し、①生物多様性の保全、②生物多様性の構成要素の持続可能な利用、③遺伝資源の利用から生ずる利益の公正な配分を目的とする。2012年、生物多様性及び生態系サービスに関する政府間科学政策プラットフォーム（IPBES）が設立され、IPCCを参考に科学的知見を集約した報告書をまとめている。

コラム　国際連合の役割と機関

　国際連合（United Nations）は、1945年に設立され、国際平和と安全の維持、経済・社会・文化・人権・環境などの国際協力を目的としています。補助機関として、国連環境計画（上記年表を参照）を設立したほか、国連開発計画（UNDP）、国連世界食糧計画（WFP）、国連難民高等弁務官事務所（UNHCR）、国連児童基金（UNICEF）などがあります。また、世界銀行、世界保健機関（WHO）、国際労働機関（ILO）、国連教育科学文化機関（UNESCO）などの専門機関と連携して活動しています。1985年には国連消費者保護ガイドラインを制定しました。

32　地球温暖化とエネルギー問題

● 温室効果ガスの排出が続くと、私たちの生活にどのような影響がありますか？
● 国際社会は、パリ協定でどのような目標と対策を示していますか？

温暖化がもたらす気候危機

　地球温暖化とは、大気中にわずかに含まれる二酸化炭素（CO_2）、メタン（CH_4）、一酸化二窒素（N_2O）、フロンなどの温室効果ガスの濃度が高くなることにより、地球全体の温度が上昇することをいいます。特に CO_2 は温室効果ガスの4分の3を占め、石炭・石油・天然ガスなどの化石燃料を燃やすと発生し、その一部は海洋や森林に吸収されますが、残りは大気中に貯えられます。

　温室効果ガスは、世界の人口増加、産業発展、自動車の増加、森林の減少により、1900年代から増加し、特に最近40年間で、世界の CO_2 排出量は2倍以上に増加しました。地球温暖化は、エネルギーを使う人間活動のほとんどすべてが原因となっているため、環境問題の中でももっとも解決が難しい問題です。

　気候変動に関する政府間パネル（IPCC）の報告書は「気候システムの温暖化に疑う余地はなく、その要因は人間活動による温室効果ガス排出である可能性が95％以上」と結論づけました。現在、世界各地で、熱波、大雨、干ばつ、大型台風などの異常気象による気象災害が相次ぎ、環境白書（2020年版）は、気候変動は生存を揺るがす気候危機と警告しています。

再生可能エネルギー拡充と脱炭素社会への転換

　2015年フランスのパリで開かれた国連気候変動枠組条約締約国会議は、2020年以降の温室効果ガスの排出を削減するための新しい国際ルールパリ協定に合意しました。産業革命以前と比べて気温上昇を2度未満、できれば1.5度までに抑えることを目標にしています。

　これを達成するには、2050年までに温室効果ガスの排出を実質ゼロ（カーボンニュートラル）にすることが必須です。実質ゼロとは、実際に排出された CO_2 の量から、植物が光合成などで吸収した CO_2 の量を差し引くとゼロになることを指します。つまり、排出量と吸収量が釣り合った状態になり、地球全体の CO_2 の量はこれ以上増えずに現状維持することができます。実質ゼロが実現した社会を脱炭素社会と呼びます。

　このためには、①企業や家庭がエネルギー使用を節約する設備や機器に置き換えること（省エネルギーの推進）、②温室効果ガスを最も多く排出する化石燃料の使用を減らし、温室効果ガスを排出しない再生可能エネルギー（太陽光、風力、水力、地熱、バイオマスなど）を有効に利用することが世界的な課題となっています。

　すでに約120カ国が「2050年に実質ゼロ」を掲げる中で、日本も2020年10月、「2050年に実質ゼロ」を宣言しました。日本は、東日本大震災の後、CO_2 を排出しない原子力発電が激減し、電力の供給を補うために、CO_2 排出量が多い石炭火力発電を増やしてきました。このままでは2050年までの実質ゼロの達成はほぼ不可能です。

　脱炭素社会を、どう構築していくのか。温室効果ガス「実質ゼロ」をめざして、政府は石炭火力発電所の休廃止や再生可能エネルギーの導入拡大、自動車の電動化などを表明しています。

IPCC が指摘した温暖化の主な影響

① **平均気温の上昇**

　　熱波による死亡、疾病。森林火災

　　大雨による洪水

　　干ばつ（農業用水の不足、食糧不足）

② **海洋水温の上昇**

　　台風の大型化

③ **氷河の縮小、グリーンランドと南極の氷床の減少**

④ **海面の水位の上昇**

　　高潮、沿岸部の洪水

　　都市の地下街や地下鉄の水没

　　太平洋などの島しょ国では、海岸が侵食され国土消失の危機

⑤ **CO₂を吸収し、海洋が酸性化**

　　サンゴの白化など海洋生態系の悪化

⑥ **陸域や海域、淡水の生態系の破壊**

　　生物多様性への影響

地球温暖化のしくみ

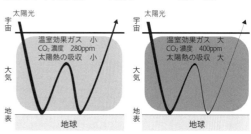

世界の二酸化炭素排出量の国別割合（2017年）

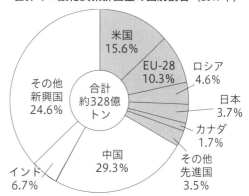

（出典）　経済産業省資源エネルギー庁「令和元年度エネルギーに関する年次報告」（エネルギー白書2020）

主要国の一次エネルギー構成比（2018年）

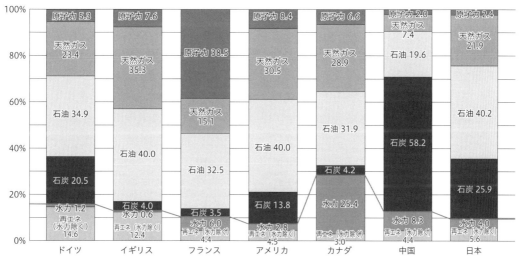

（出典）　全国地球温暖化防止活動推進センター HP の「主要国の一次エネルギー消費量と構成」の数値から作成

33　生活環境と健康

● 暮らしの中にある有害な化学物質には、どのようなリスクがあるのでしょうか？

産業公害対策から地球環境問題へ

　日本の**公害**は、明治時代から足尾銅山鉱毒事件などが起こっていましたが、1950〜60年代の高度経済成長期には重化学工業の工場から産業公害が多数発生しました。大気汚染、水質汚濁、土壌汚染、騒音、振動、地盤沈下、悪臭は、典型的な公害の7要因です。

　その中でも**四大公害病**は、深刻な健康被害と環境破壊をもたらして社会問題となりました。政府は公害防止のために法整備に乗り出し、1967年公害対策基本法の制定、1970年公害関連14法案成立など公害対策を充実させました。

　1980年以降、地球環境問題が発生するようになると、公害行政では対応できなくなり、1993年、環境基本法が制定され、2001年、環境省が発足しました。低炭素、循環、自然共生の3要素からなる持続可能な社会の実現をめざした環境施策が推進されています。

健康や生活環境を守るための環境基準

　日本では産業公害が克服された後、国民の生活に起因する環境の悪化が見られるようになりました。自動車の排気ガスによる大気汚染や、家庭からの生活雑排水による河川の水質汚濁、大量のごみの発生、家庭用焼却炉の排煙、営業店舗から生ずる騒音や悪臭など、**都市・生活型公害**と呼ばれるものです。

　また、大気汚染物質の国境を越えた飛来が問題になっています。これは、日本の西方から偏西風に乗って飛んでくる、①**酸性雨**、②**黄砂**、③**PM2.5**などを指します。

　酸性雨は、化石燃料を使う工場や自動車の排

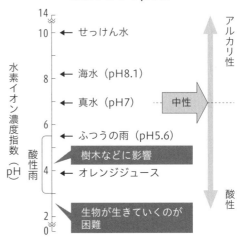

身近なもののpH値

気ガスに含まれる硫黄酸化物（SOₓ）や窒素酸化物（NOₓ）が、大気中で硫酸や硝酸に化学変化し、雨、雪、霧などに溶け込んで地表に降ってくるものです。河川や湖沼、土壌が酸性になり生物や森林に悪影響を与えるほか、金属にサビを発生させるなど建築物にも被害を与えます。

　黄砂は、中国大陸内部の砂漠や黄土の土壌の微粒子が強風で数千メートルに巻き上げられ浮遊しつつ降下する現象です。有害大気汚染物質[1]を吸着して運びます。

　PM2.5[2]は、大気中に浮遊している直径2.5マイクロメートル[3]以下の非常に小さな粒子です。工場や自動車、航空機から排出された煤煙や粉塵のほか、硫黄酸化物などが大気中で光やオゾンと化学反応したものも含まれます。肺の奥深くに入り込み、ぜんそくや気管支炎などの病気を起こすリスクを高めます。

＊1　低濃度であっても長期的な摂取により、がんなどの健康被害が生ずるおそれのある物質（次頁の表参照）。
＊2　PMとは粒子状物質（Particulate Matter）の頭文字です。
＊3　1マイクロメートルは、1ミリの1000分の1です。

主な公害病

(太字は四大公害病)

病名・時期	発生地域	原　因	主な症状
イタイイタイ病 大正初期から	富山県神通川流域	鉱山の排水に含まれるカドミウムが田畑に流れ込み、それが蓄積した米や野菜を長期に食べたため	腎臓の機能障害。骨の軟化による多発性骨折で激しい痛み
水俣病 1950年代から	熊本県水俣湾周辺	化学工場の排水に含まれる有機水銀が、海や河川の中で食物連鎖により生物濃縮され、その魚介類を長期に食べたため	中枢神経系を傷つけ、手足のしびれ、熱さや痛さを感じにくくなる感覚障害。特に胎児の中枢神経に強い悪影響
新潟水俣病 1960年代から	新潟県阿賀野川流域		
四日市ぜんそく 1960年代から	三重県四日市市	石油化学コンビナートからの排気ガスによる硫黄酸化物等の大気汚染	ぜんそく、慢性気管支炎などの呼吸器の健康被害
慢性ヒ素中毒 1970年代から	宮崎県土呂久鉱山周辺 島根県笹ヶ谷鉱山周辺	ヒ素を産出する鉱山から出た少量のヒ素が、呼吸や食事の際に身体内に取り込まれたため	皮膚では、黒皮症、角化症、皮膚がん。慢性気管支炎、多発性神経炎など
アスベスト(石綿) 1970年代から	全国のアスベスト使用工場の周辺	極めて細い繊維状の鉱物で飛散して浮遊し、吸い込むと肺の組織に刺さったため	せき、呼吸困難、胸の痛みを感じる。塵肺、悪性中皮腫、肺がんなど

主な大気汚染物質

規制物質	発生源・特徴・健康への影響
二酸化硫黄 (SO_2)	工場で化石燃料の硫黄分が燃焼し酸素と結合。呼吸器を刺激し、せき、ぜんそく、気管支炎などを起こす。酸性雨の原因。
二酸化窒素 (NO_2)	自動車や工場で化石燃料の窒素分が燃焼し酸素と結合。呼吸器に悪影響を及ぼす。光化学スモッグや酸性雨の原因。
一酸化炭素 (CO)	主に自動車の化石燃料が不完全燃焼し発生。無味、無臭、無色、無刺激で気づかない。
光化学オキシダント(O_x)	窒素酸化物と揮発性有機化合物が太陽の紫外線を受けて反応し発生する。目やのどの痛み、吐き気を起こす光化学スモッグの原因物質。
有害大気汚染物質 ベンゼン	染料、農薬、ガソリンなどから揮発。再生不良性貧血や急性骨髄性白血病を引き起こす。
ジクロロメタン	プリント基板の洗浄などで揮発する。中枢神経に麻酔作用がある。胆管がんを引き起こす。
粒子状物質 浮遊粒子状物質（SPM）	大気に浮遊する直径10マイクロメートル以下の微粒子。工場や自動車の排気から発生する。肺や気管に沈着し呼吸器に悪影響。
PM2.5	大気に浮遊する直径2.5マイクロメートル以下の微粒子。気管支や肺胞など肺の奥まで達し、肺がんを引き起こす。
ダイオキシン類	主にごみ焼却炉から発生。低温で不完全燃焼をすると発生しやすい。たばこ、自動車の排気にも含まれる。強い毒性や発がん性。

水俣病の有機水銀の生物濃縮

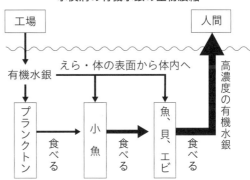

海中の食物連鎖による蓄積

PM の大きさ（人髪や細胞）との比較

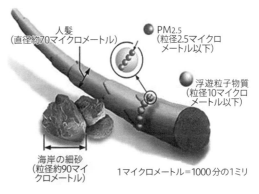

1マイクロメートル＝1000分の1ミリ

（出典）アメリカ合衆国環境保護庁資料

34 世界の海に広がるプラごみ汚染

● ペットボトルが海に流れ出て、自然分解されるまでに何年かかりますか？

海に流れ出す大量のプラスチックごみ

プラスチックは1930年代から使われ始め、日本では1950年代以降の生活を大きく変えました。加工しやすく、軽くて丈夫なため、農業用ハウスや漁具など生産用資材のほか、飛行機や自動車、家庭では合成繊維の衣類、家電製品、住宅設備から、ペットボトル、包装トレイ、オムツの吸水樹脂、歯磨き粉や洗顔料のスクラブ剤など、様々なところに使われ、いまや、私たちの暮らしに欠かせない存在になっています。

世界で生産されるプラスチックは年間約4億トンです。そのうち、約800万トンものプラスチック製品がポイ捨てや風で吹き飛ぶなどしてごみになり、河川から海に流れ出し、陸地から遠い海域まで運ばれて、海洋全体に広がっています。このままでは2050年までに、世界の海に生息する魚の総重量を上回ると予測されています（世界経済フォーラム2016年報告書）。

プラスチックごみは生き物を傷つける

プラスチックは、主に石油を原料としており、いつまでも自然分解されません。プラスチックごみを生物が食べると胃腸にたまり続け、消化を妨げます。このほか、ストローがウミガメの鼻に刺さったり、化学繊維でできた漁網がアザラシや海鳥に絡まって身動きできなくなってしまうケースが報告されています。

さらに、プラスチックごみは、海を漂ううちに徐々に劣化し、波や紫外線の影響で細かく砕けていきます。5ミリ以下の粒子になったものを**マイクロプラスチック**と呼びますが、すでに世界各地の海を漂い、生活圏から遠く離れた北極、南極の海でも見つかっています。

マイクロプラスチックは、やっかいなことに、海中の PCB やダイオキシン類（→103頁）など有毒物質を吸着する性質があります。このマイクロプラスチックを魚や貝が食べ、それを人間が食べるという**食物連鎖**の過程で有毒物質が濃縮されていきます。人間が食べ続けると体内に蓄積して健康障害が現れるかもしれないと心配されています。

プラスチックごみの海外処理は困難に

日本で回収されるプラスチックごみの約4割は海外に輸出されて、リサイクルされています。このため、国内でリサイクルされるプラスチックごみの割合は低く、実質10%余りです。

海外に輸出されるプラスチックごみの半分以上は中国に持ち込まれていました。しかし、中国は、輸入したごみが不法投棄されたりする環境被害が深刻化したため、2017年、プラスチックごみの輸入を原則禁止しました。

国境を越えて、有害廃棄物が移動することを規制する**バーゼル条約**は、これまで、使用済みの電池、水銀などの有害廃棄物の輸出入を規制してきましたが、プラスチックの海洋流出は有害だとの認識から、リサイクルに適さない汚れたプラスチックごみも対象とするよう改正されました。2021年からは中国以外の国に対してもプラスチックごみを輸出することが難しくなり、国内での処理が迫られています。

プラスチック容器の使い捨てを減らす

国連環境計画（UNEP）の報告書（2018年）によると、日本の国民1人当たりのプラスチッ

プラスチックを捨てた後

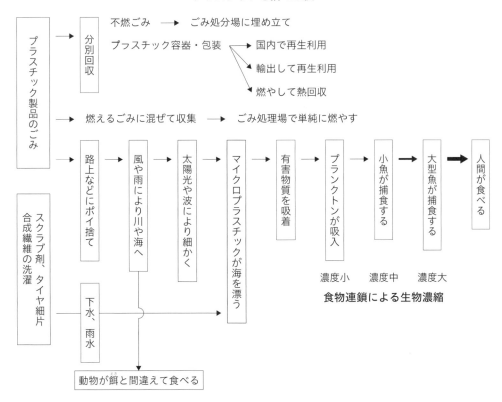

不燃ごみ　→　ごみ処分場に埋め立て

プラスチック容器・包装　→　国内で再生利用

輸出して再生利用

燃やして熱回収

燃えるごみに混ぜて収集　→　ごみ処理場で単純に燃やす

濃度小　　濃度中　　濃度大

食物連鎖による生物濃縮

世界で生産されるプラスチックの用途（2015年）

包装材（使い捨ての想定）	36%
建　材	16%
繊　維	14%
消費者・業務用	10%
その他	24%
合計　4億トン	100%

（国連環境計画「SINGLE USE PLASTICS」（2018年）より作成）

海洋ごみが自然分解される年数

たばこの吸いがら	1年半～10年
レジ袋	1年～20年
発泡スチロール製カップ	50年
ペットボトル	400年
おむつ	400年
釣り糸	600年

（公益財団法人世界自然保護基金ジャパンHPより作成）

ク容器包装の廃棄量は、米国に次いで世界第2位です。2020年、日本でもレジ袋の有料化が始まり、マイバックの持参が推奨されています。さらに進んで京都府亀岡市はレジ袋禁止条例を制定しました。レジ袋はプラスチックごみ総量の2％程度なので、レジ袋の有料化だけで直ちに解決できるものではありませんが、一人ひとりの意識を高める効果が生じています。

プラスチックを全く使わない生活は不可能ですが、できるかぎり使わないライフスタイルにチェンジしていきましょう。企業でも、微生物のはたらきで最終的に水と CO_2 に分解される**生分解性プラスチック**や、原料に石油ではなく植物を使う**バイオマスプラスチック**など、プラスチック容器を環境にやさしいものに変えていく新しい技術や発想が始まっています。

35　廃棄物処理から循環型社会をめざして

● 循環型社会を実現していくための法制度としくみはどのようになっていますか？

廃棄物とは

人が生活していく中で必ず出てしまうのが、ごみ（廃棄物）。社会が豊かで便利になるにつれ、大量の**廃棄物**が発生してきました。

廃棄物とは、ごみ、粗大ごみ、燃え殻、汚泥、廃油などの汚物または不要物で、固形状または液状のものをいいます。主に家庭から生じた一般廃棄物と、企業などの事業活動で生じた産業廃棄物に区分されます。

一般廃棄物の１年間の排出量は4272万トン、１人１日あたりの排出量は918グラムです（2018年度）。私たちが排出するごみは、経済成長とともに1990年頃まで急増しましたが、2000年以後はやや減少しています。一般廃棄物のリサイクル率は約２割と横ばい、焼却処分は約８割で他国と比べて極めて高くなっています。

循環型社会が求められた背景と法整備

日本では1960年代から、高度経済成長に伴う所得の増加、家電や加工食品の普及、スーパーマーケットやコンビニエンスストアによるセルフサービス方式の販売などにより、廃棄物が急増し、ごみの質も、プラスチックや容器包装材などが主になってきました。

廃棄物の最終処分場の不足や不法投棄が問題化したので、1990年代から2000年代にかけて、**循環型社会形成推進基本法**や品目別の**リサイクル法**が次々と定められました。

循環型社会形成推進法は、**大量生産**、**大量消費**、**大量廃棄**の一方通行型のしくみから脱却し、廃棄物の発生を抑制し、資源の循環的な利用と適正な処分を確保することによって、天然資源

の消費を抑制し、環境への負荷が少ない**循環型社会**を実現することをめざしています。

同法は、そのための順番として次のとおり定めました。①**発生抑制**（Reduce：ごみを出さない）、②**再使用**（Reuse：使えるものは繰り返し使う、または部品を利用する）、③**再生利用**（Recycle：再使用できないものは資源として利用する）、④**熱回収**（Thermal Recycle：資源として利用できないものは燃やして熱を利用する）、⑤**適正処分**（どうしても捨てるしかないものはきちんと処分する）です。

国は**循環型社会形成基本計画**を定め、立法などに努めます。事業者と国民には、ごみを出す人がごみの適正な処理に責任をもつ**排出者責任**を明示しました（例、分別してごみを出す）。メーカーには、使用され廃棄物となった後まで責任をもつ**拡大生産者責任**を課しました（例、リサイクルや処分をしやすいように設計や材質を工夫する、製品の材質名を表示する、廃棄した後の引取りやリサイクルを実施する）。

ごみを生まない、出さない消費生活

日本は先進的なリサイクル技術を持っていますが、リサイクルには多くのエネルギーを使い、大半の素材はリサイクルを繰り返すと質が低下していくため、リサイクル素材のみで製品を作り続けることは不可能で、新しい原料を投入する必要が出てきます。さらに、日本のリサイクルの多くは熱回収（製品に再生利用するのではなく、燃やして熱を利用する）なので、燃やされてCO_2を排出することも多いのです。リサイクルは進んできましたがそれ以前に、ごみを出さない消費生活をめざしましょう。

循環型社会を推進するための法体系

（年号は制定年）

環境基本法（1993年） 同法に基づく環境基本計画（1994年）

循環型社会形成推進基本法（2000年） 基本的な枠組みを定めている
同法に基づく循環型社会形成推進基本計画（2003年）

【廃棄物の適正処理】 【再生利用の促進】

廃棄物処理法（1970年）

①廃棄物の発生抑制
②廃棄物の適正処理（リサイクル含む）
③廃棄物処理施設の設置規則
④廃棄物処理業者に対する規制
⑤廃棄物処理準の設定　など

資源有効利用促進法（1991年）

①再生資源のリサイクル
②リサイクルが容易な構造・材質等の工夫
③分別回収のための表示
④副産物の有効利用の促進

（1R）から（3R）へ

リサイクル　→　リデュース／リユース／リサイクル

【品目別のリサイクル法】

容器包装リサイクル法（1995年）	家電リサイクル法（1998年）	食品リサイクル法（2000年）	建設リサイクル法（2000年）	自動車リサイクル法（2002年）	小型家電リサイクル法（2012年）
ペットボトル・紙やプラスチック製の容器包装・ガラスびん	エアコン・テレビ・冷蔵庫・冷凍庫・洗濯機・衣類乾燥機	食品の廃棄物	建築物の廃材	自動車の廃車	携帯電話・ゲーム機・ヘアドライヤーなど
分別して収集し事業者が再商品化やリサイクルをする。	許可業者を通じてメーカーに引渡して再商品化する。	食品を扱う業者に、食品の売れ残り・食べ残しの発生抑制と減量化、飼料や肥料への再生利用を義務づける。	建設業者に、分別解体を行うこと、木材・コンクリート・アスファルトの再資源化を義務づける。	廃車を登録業者に引渡し、解体破砕した後の老廃物・フロン類・エアバッグをメーカーに引き渡す。	分別して収集しアルミ、貴金属、レアメタルなどを回収し、循環利用する。

食品ロス削減推進法（2019年）

事業者の責務、消費者の役割を明記

グリーン購入法（2000年） 国や地方自治体が率先して、環境に配慮した物品を調達する。

（環境省「第4次循環型社会形成推進基本計画のパンフレット」8頁を参考に作成）

【巻末資料①】クーリング・オフ一覧

取引の分野	期　間	クーリング・オフができる条件	例　外	根拠法令
(1)訪問販売	8日間	家庭、喫茶店など営業所以外の場所で契約を結ぶもの。キャッチセールスとアポイントメントセールスを含む　　　　　　　（→70頁）	銀行、証券、保険、商品先物取引、電気通信、放送、旅行、宅地建物、自動車等を除く	特定商取引法
(2)電話勧誘販売	8日間	電話で勧誘されて、申し込みをするもの		
(3)特定継続的役務	8日間	一定期間（1月＊、2月＊）を超えて継続する、①エステティックサロン＊、②美容医療＊、③語学教室、④在宅学習、⑤学習塾、⑥パソコン教室、⑦結婚相手紹介サービス　（→86頁）	役務の対価と、購入する必要がある商品代金を合計して5万円以下の契約を除く	
(4)連鎖販売	20日間	マルチ商法　　　　　　　　　　　（→72頁）		
(5)業務提供誘引販売	20日間	内職・副業を提供するので収入が得られると誘い、そのために必要だと言って商品等を販売		
(6)訪問購入	8日間	家庭など営業所以外の場所で、業者が物品を買い取るもの	自動車、家電製品、家具、書籍、有価証券、映像ソフト等を除く	
(7)個別クレジット契約	8日間 20日間	上記(1)〜(5)の代金を支払うための個別クレジット契約は、(1)〜(5)と同じ期間クーリング・オフすることができる	(1)〜(5)と同じ。クレジットカードを使う支払は除く	割賦販売法
(8)電気通信サービス	8日間	携帯回線の通話やデータ、光ファイバー回線など（初期契約解除制度）　　　　（→83頁）	大臣確認を得た事業者は確認措置で代替	電気通信事業法
(9)有料放送サービス	8日間	ケーブルテレビ、衛星スクランブル放送の契約（初期契約解除制度）	NHK受信料を除く	放送法
(10)保険契約	8日間	生命保険、損害保険	契約期間1年以下、ネット・郵便で申込む場合等を除く	保険業法
(11)共済契約	8日間	生協、農協等と締結する共済の契約		消費生活協同組合法等
(12)有料老人ホーム	3月間	有料老人ホームに入居するための前払金		老人福祉法
(13)サービス付き高齢者住宅	3月間	サービス付き高齢者住宅に入居するための前払金		高齢者住まい法
(14)宅地建物の販売	8日間	宅地建物取引業者が売主となり、事務所や現地案内所以外の場所で、宅地や建物を販売する場合	自宅や勤務先で説明を聞きたいと申出た場合を除く	宅地建物取引業法
(15)不動産特定共同事業	8日間	多数の者が共同して不動産に投資して収益を得ようとするもの		不動産特定共同事業法
(16)ゴルフ会員権	8日間	50万円以上のゴルフ場会員権が、新規に売り出された場合		会員契約適正化法
(17)投資型クラウドファンディング	8日間	インターネットで募集されるファンドに投資して収益を得ようとするもの	寄付型、購入型のものは除く	金融商品取引法
(18)投資顧問契約	10日間	金融商品の売り買いについて助言する		
(19)商品先物取引	14日間	大豆、石油、金などの商品先物取引を、訪問しまたは電話をかけて、新規に契約させた場合	客が勧誘の要請をした場合を除く	商品先物取引法
(20)預託取引	14日間	政令で指定された商品を購入して、販売業者に3か月以上預けて、収益を得ようとするもの		預託取引法

((8)(9)(10)(11)(12)(13)(18)は、提供済みの役務の対価等の支払いが必要となる。積立式宅地建物販売は省略)

【巻末資料②】消費者基本法条文
（1968年消費者保護基本法制定、2004年全面改正され消費者基本法に改称）

第1章　総則
第1条（目的）
　　この法律は、消費者と事業者との間の情報の質及び量並びに交渉力等の格差にかんがみ、消費者の利益の擁護及び増進に関し、消費者の権利の尊重及びその自立の支援その他の基本理念を定め、国、地方公共団体及び事業者の責務等を明らかにするとともに、その施策の基本となる事項を定めることにより、消費者の利益の擁護及び増進に関する総合的な施策の推進を図り、もって国民の消費生活の安定及び向上を確保することを目的とする。
第2条（基本理念）
①　消費者の利益の擁護及び増進に関する総合的な施策（以下「消費者政策」という。）の推進は、国民の消費生活における基本的な需要が満たされ、その健全な生活環境が確保される中で、消費者の安全が確保され、商品及び役務について消費者の自主的かつ合理的な選択の機会が確保され、消費者に対し必要な情報及び教育の機会が提供され、消費者の意見が消費者政策に反映され、並びに消費者に被害が生じた場合には適切かつ迅速に救済されることが消費者の権利であることを尊重するとともに、消費者が自らの利益の擁護及び増進のため自主的かつ合理的に行動することができるよう消費者の自立を支援することを基本として行われなければならない。
②　消費者の自立の支援に当たっては、消費者の安全の確保等に関して事業者による適正な事業活動の確保が図られるとともに、消費者の年齢その他の特性に配慮されなければならない。
③　消費者政策の推進は、高度情報通信社会の進展に的確に対応することに配慮して行われなければならない。
④　消費者政策の推進は、消費生活における国際化の進展にかんがみ、国際的な連携を確保しつつ行われなければならない。
⑤　消費者政策の推進は、環境の保全に配慮して行われなければならない。
第3条（国の責務）
　　国は、経済社会の発展に即応して、前条の消費者の権利の尊重及びその自立の支援その他の基本理念にのっとり、消費者政策を推進する責務を有する。
第4条（地方公共団体の責務）
　　地方公共団体は、第2条の消費者の権利の尊重及びその自立の支援その他の基本理念にのっとり、国の施策に準じて施策を講ずるとともに、当該地域の社会的、経済的状況に応じた消費者政策を推進する責務を有する。
第5条（事業者の責務等）
①　事業者は、第2条の消費者の権利の尊重及びその自立の支援その他の基本理念にかんがみ、その供給する商品及び役務について、次に掲げる責務を有する。
　一　消費者の安全及び消費者との取引における公正を確保すること。
　二　消費者に対し必要な情報を明確かつ平易に提供すること。

　三　消費者との取引に際して、消費者の知識、経験及び財産の状況等に配慮すること。
　四　消費者との間に生じた苦情を適切かつ迅速に処理するために必要な体制の整備等に努め、当該苦情を適切に処理すること。
　五　国又は地方公共団体が実施する消費者政策に協力すること。
②　事業者は、その供給する商品及び役務に関し環境の保全に配慮するとともに、当該商品及び役務について品質等を向上させ、その事業活動に関し自らが遵守すべき基準を作成すること等により消費者の信頼を確保するよう努めなければならない。
第6条
　　事業者団体は、事業者の自主的な取組を尊重しつつ、事業者と消費者との間に生じた苦情の処理の体制の整備、事業者自らがその事業活動に関し遵守すべき基準の作成の支援その他の消費者の信頼を確保するための自主的な活動に努めるものとする。
第7条
①　消費者は、自ら進んで、その消費生活に関して、必要な知識を修得し、及び必要な情報を収集する等自主的かつ合理的に行動するよう努めなければならない。
②　消費者は、消費生活に関し、環境の保全及び知的財産権等の適正な保護に配慮するよう努めなければならない。
第8条
　　消費者団体は、消費生活に関する情報の収集及び提供並びに意見の表明、消費者に対する啓発及び教育、消費者の被害の防止及び救済のための活動その他の消費者の消費生活の安定及び向上を図るための健全かつ自主的な活動に努めるものとする。
第9条（消費者基本計画）
①　政府は、消費者政策の計画的な推進を図るため、消費者政策の推進に関する基本的な計画（以下「消費者基本計画」という。）を定めなければならない。
②　消費者基本計画は、次に掲げる事項について定めるものとする。
　一　長期的に講ずべき消費者政策の大綱
　二　前号に掲げるもののほか、消費者政策の計画的な推進を図るために必要な事項
③　内閣総理大臣は、消費者基本計画の案につき閣議の決定を求めなければならない。
④　内閣総理大臣は、前項の規定による閣議の決定があったときは、遅滞なく、消費者基本計画を公表しなければならない。
⑤　前2項の規定は、消費者基本計画の変更について準用する。
第10条（法制上の措置等）
①　国は、この法律の目的を達成するため、必要な関係法令の制定又は改正を行なわなければならない。
②　政府は、この法律の目的を達成するため、必要な財政上の措置を講じなければならない。
第10条の2（年次報告）
　　政府は、毎年、国会に、政府が講じた消費者政策の実施の状況に関する報告書を提出しなければならない。

第2章　基本的施策
第11条（安全の確保）

国は、国民の消費生活における安全を確保するため、商品及び役務についての必要な基準の整備及び確保、安全を害するおそれがある商品の事業者による回収の促進、安全を害するおそれがある商品及び役務に関する情報の収集及び提供等必要な施策を講ずるものとする。

第12条（消費者契約の適正化等）

国は、消費者と事業者との間の適正な取引を確保するため、消費者との間の契約の締結に際しての事業者による情報提供及び勧誘の適正化、公正な契約条項の確保等必要な施策を講ずるものとする。

第13条（計量の適正化）

国は、消費者が事業者との間の取引に際し計量につき不利益をこうむることがないようにするため、商品及び役務について適正な計量の実施の確保を図るために必要な施策を講ずるものとする。

第14条（規格の適正化）

① 国は、商品の品質の改善及び国民の消費生活の合理化に寄与するため、商品及び役務について、適正な規格を整備し、その普及を図る等必要な施策を講ずるものとする。

② 前項の規定による規格の整備は、技術の進歩、消費生活の向上等に応じて行なうものとする。

第15条（広告その他の表示の適正化等）

国は、消費者が商品の購入若しくは使用又は役務の利用に際しその選択等を誤ることがないようにするため、商品及び役務について、品質等に関する広告その他の表示に関する制度を整備し、虚偽又は誇大な広告その他の表示を規制する等必要な施策を講ずるものとする。

第16条（公正自由な競争の促進等）

① 国は、商品及び役務について消費者の自主的かつ合理的な選択の機会の拡大を図るため、公正かつ自由な競争を促進するために必要な施策を講ずるものとする。

② 国は、国民の消費生活において重要度の高い商品及び役務の価格等であってその形成につき決定、認可その他の国の措置が必要とされるものについては、これらの措置を講ずるに当たり、消費者に与える影響を十分に考慮するよう努めるものとする。

第17条（啓発活動及び教育の推進）

① 国は、消費者の自立を支援するため、消費生活に関する知識の普及及び情報の提供等消費者に対する啓発活動を推進するとともに、消費者が生涯にわたって消費生活について学習する機会があまねく求められている状況にかんがみ、学校、地域、家庭、職域その他の様々な場を通じて消費生活に関する教育を充実する等必要な施策を講ずるものとする。

② 地方公共団体は、前項の国の施策に準じて、当該地域の社会的、経済的状況に応じた施策を講ずるよう努めなければならない。

第18条（意見の反映及び透明性の確保）

国は、適正な消費者政策の推進に資するため、消費生活に関する消費者等の意見を施策に反映し、当該施策の策定の過程の透明性を確保するための制度を整備する等必要な施策を講ずるものとする。

第19条（苦情処理及び紛争解決の促進）

① 地方公共団体は、商品及び役務に関し事業者と消費者との間に生じた苦情が専門的知見に基づいて適切かつ迅速に処理されるようにするため、苦情の処理のあっせん等に努めなければならない。この場合において、都道府県は、市町村（特別区を含む。）との連携を図りつつ、主として高度の専門性又は広域の見地への配慮を必要とする苦情の処理のあっせん等を行うものとするとともに、多様な苦情に柔軟かつ弾力的に対応するよう努めなければならない。

② 国及び都道府県は、商品及び役務に関し事業者と消費者との間に生じた苦情が専門的知見に基づいて適切かつ迅速に処理されるようにするため、人材の確保及び資質の向上その他の必要な施策（都道府県にあっては、前項に規定するものを除く。）を講ずるよう努めなければならない。

③ 国及び都道府県は、商品及び役務に関し事業者と消費者との間に生じた紛争が専門的知見に基づいて適切かつ迅速に解決されるようにするために必要な施策を講ずるよう努めなければならない。

第20条（高度情報通信社会の進展への的確な対応）

国は、消費者の年齢その他の特性に配慮しつつ、消費者と事業者との間の適正な取引の確保、消費者に対する啓発活動及び教育の推進、苦情処理及び紛争解決の促進等に当たって高度情報通信社会の進展に的確に対応するために必要な施策を講ずるものとする。

第21条（国際的な連携の確保）

国は、消費生活における国際化の進展に的確に対応するため、国民の消費生活における安全及び消費者と事業者との間の適正な取引の確保、苦情処理及び紛争解決の促進等に当たって国際的な連携を確保する等必要な施策を講ずるものとする。

第22条（環境の保全への配慮）

国は、商品又は役務の品質等に関する広告その他の表示の適正化等、消費者に対する啓発活動及び教育の推進等に当たって環境の保全に配慮するために必要な施策を講ずるものとする。

第23条（試験、検査等の施設の整備等）

国は、消費者政策の実効を確保するため、商品の試験、検査等を行う施設を整備し、役務についての調査研究等を行うとともに、必要に応じて試験、検査、調査研究等の結果を公表する等必要な施策を講ずるものとする。

第3章　行政機関等

第24条（行政組織の整備及び行政運営の改善）

国及び地方公共団体は、消費者政策の推進につき、総合的見地に立った行政組織の整備及び行政運営の改善に努めなければならない。

第25条（国民生活センターの役割）

独立行政法人国民生活センターは、国及び地方公共団体の関係機関、消費者団体等と連携し、国民の消費生活に関する情報の収集及び提供、事業者と消費者との間に生じた苦情の処理のあっせん及び当該苦情に係る相談、事業者と消費者との間に生じた紛争の合意による解決、消費者からの苦情等に関する商品についての試験、検査等及び役務についての調査研究等、消費者に対する啓発及び教育等における中核的な機関として積極的な役割を果たすものとする。

第26条（消費者団体の自主的な活動の促進）

国は、国民の消費生活の安定及び向上を図るため、

消費者団体の健全かつ自主的な活動が促進されるよう必要な施策を講ずるものとする。

第4章　消費者政策会議等
第27条（消費者政策会議）
① 内閣府に、消費者政策会議（以下「会議」という。）を置く。
② 会議は、次に掲げる事務をつかさどる。
　一　消費者基本計画の案を作成すること。
　二　前号に掲げるもののほか、消費者政策の推進に関する基本的事項の企画に関して審議するとともに、消費者政策の実施を推進し、並びにその実施の状況を検証し、評価し、及び監視すること。
③ 会議は、次に掲げる場合には、消費者委員会の意見を聴かなければならない。
　一　消費者基本計画の案を作成しようとするとき。
　二　前項第二号の検証、評価及び監視について、それらの結果の取りまとめを行おうとするとき。
第28条
① 会議は、会長及び委員をもって組織する。
② 会長は、内閣総理大臣をもって充てる。
③ 委員は、次に掲げる者をもって充てる。
　一　内閣府設置法第11条の2の規定により置かれた特命担当大臣
　二　内閣官房長官、関係行政機関の長及び内閣府設置法第9条第1項に規定する特命担当大臣（前号の特命担当大臣を除く。）のうちから、内閣総理大臣が指定する者
④ 会議に、幹事を置く。
⑤ 幹事は、関係行政機関の職員のうちから、内閣総理大臣が任命する。
⑥ 幹事は、会議の所掌事務について、会長及び委員を助ける。
⑦ 前各項に定めるもののほか、会議の組織及び運営に関し必要な事項は、政令で定める。
第29条（消費者委員会）
　消費者政策の推進に関する基本的事項の調査審議については、この法律によるほか、消費者庁及び消費者委員会設置法第6条の定めるところにより、消費者委員会において行うものとする。

【注記】
・第1項を示す①と、読みがなのルビは執筆者が追加した。
・読みやすさの観点から、一部「つ」を「っ」とした。

【巻末資料③】消費者問題をめぐる年表

西暦 (和暦)	社会の動き、消費者問題、消費者運動	消費者政策、立法の動き
1921年	神戸購買組合、灘購買組合発足（生活協同組合の前身）	借地法公布、借家法公布（現在の借地借家法）
1940年 (昭15)	戦争遂行のため国家総動員体制となり、生活必需品の価格を統制し、配給制度を始める	
1945年 (昭20)	第二次世界大戦に敗戦。連合国に占領される 思想、言論、集会、結社の自由化。女性が参政権を得る 戦争による食糧難、住宅難。ヤミ市、ヤミ物資広がる	
1946年 (昭21)	日本国憲法制定（国民主権、平和主義、基本的人権） 財閥解体	物価庁を設置、物価統制令公布（物価の統制は2021年では公衆浴場料金のみ存続している）
1947年 (昭22)	民法の親族法相続法分野を改正し、家制度を廃止 農地改革、学制改革（男女共学、6・3・3・4制）	独占禁止法公布、食品衛生法公布、郵便法公布 公正取引委員会発足
1948年	不良マッチ退治主婦大会、主婦連合会（主婦連）結成	消費生活協同組合法公布、薬事法公布
1949年	関西主婦連合会結成	工業標準化法（JIS法）公布
1950年 (昭25)	朝鮮戦争始まる（1953年休戦） 主婦連が商品テストを開始	農林物資規格法（JAS法）公布、放送法公布、クリーニング業法公布、建築基準法公布
1951年 (昭26)	第二次世界大戦の講和条約と日米安全保障条約に調印 日本生活協同組合連合会（日生協）結成	道路運送法公布、道路運送車両法公布、計量法公布
1952年 (昭27)	占領が終わり、日本が独立を回復 全国地域婦人団体連絡協議会（地婦連）結成	栄養改善法公布、宅地建物取引業法公布、旅行あっ旋業法（今の旅行業法）公布
1953年	地上波白黒テレビ放送開始（NHK、日本テレビ）	独占禁止法改正（再販売価格維持制度を容認）
1954年	雑誌「暮しの手帖」が商品テストを始める	利息制限法公布、出資法公布、ガス事業法公布
1955年 (昭30)	高度経済成長が始まる（実質成長率は年平均10%超え） 三種の神器（白黒テレビ、洗濯機、冷蔵庫）普及始まる 森永ヒ素ミルク事件（乳児用粉ミルクにヒ素が混入） イタイイタイ病が報道される（→103頁） スモン病発生（整腸剤が含むキノホルムで神経障害）	経済企画庁を設置 総理府が新生活運動を推進 繊維製品品質表示法公布（1962年に家庭用品品質表示法に吸収） 自動車損害賠償保障法公布
1956年 (昭31)	わが国が国際連合に加盟。水俣病発生（→103頁） 全国消費者団体連絡会（消団連）結成	
1957年	消団連が全国消費者大会を開催し、消費者宣言	水道法公布、環境衛生関係営業法公布
1958年 (昭33)	即席ラーメン（インスタントラーメン）発売 日本生産性本部が消費者教育委員会を結成	下水道法公布
1959年 (昭34)	国民生活白書が生活の変化を「消費革命」と呼ぶ（技術革新と大量生産がもたらすプラスチック製品、加工食品、合成繊維、家電製品、集合住宅などを消費者が享受する、大衆消費社会が到来） 消団連が新聞代一斉値上げ反対運動	特許法・実用新案法・意匠法・商標法公布
1960年 (昭35)	地上波カラーテレビ放送開始。ニセ牛缶事件 国際消費者機構（IOCU）結成	
1961年 (昭36)	日本消費者協会が設立され商品テストを開始	東京都に消費経済課を設置 電気用品安全法公布、割賦販売法公布

西暦 (和暦)	社会の動き、消費者問題、消費者運動	消費者政策、立法の動き
1962年 (昭37)	サリドマイド事件（妊婦が服用した市販薬で奇形児出生） 米国ケネディ大統領「消費者の権利」を宣言 レイチェル・カーソン『沈黙の春』（農薬の危険性を主張） 日本消費者協会が消費生活コンサルタント養成講座開始	景品表示法公布 家庭用品品質表示法公布 厚生省がサリドマイドの販売を禁止
1963年	この数年、物価値上げ反対運動が盛ん	農林省に消費経済課を設置
1964年 (昭39)	東海道新幹線開通、東京オリンピック開催 新三種の神器（3Cともいう。カラーテレビ、クーラー、 　自動車）、冷凍食品の普及が始まる	通商産業省に消費経済課を設置 新・電気事業法公布 新生活運動協議会の提唱で生活学校が始まる
1965年 (昭40)	新潟水俣病発生（→103頁）。 主婦連がヘアスプレーの強い引火性を指摘 ラルフ・ネーダー『どんなスピードでも自動車は危険だ』 家庭向けの電子レンジ発売	経済企画庁に国民生活局を設置 兵庫県が生活科学センターを設置 厚生省が食品添加物（タール系の着色料）2種 　の使用を禁止
1966年 (昭41)	関西消費者協会設立 主婦連がユリア樹脂の食器からホルマリンを検出 カラーテレビ二重価格問題（国内では価格協定をして約 　20万円、輸出先では約6万円で販売）	厚生省が危険なヘアスプレーを製造停止 厚生省がプラスチック食器の衛生基準を告示
1967年	レモン飲料の不当表示事件（合成レモンを果汁と思わす）	公害対策基本法公布
1968年 (昭43)	カネミ油症事件（食用油にPCBが混入） 地婦連が100円化粧品「ちふれ」を発売	消費者保護基本法公布 厚生省が食品添加物（甘味料）ズルチン使用 　禁止
1969年 (昭44)	欠陥自動車問題（米国はメーカーがリコールを公表して 　いるが日本は欠陥を公表せずにこっそり修理と報道） 日本消費者連盟の創立委員会結成、消費者リポート創刊	運輸省が自動車リコールの公表を義務づけ 厚生省が食品添加物（甘味料）チクロ使用禁止
1970年 (昭45)	大阪万国博覧会開催。テーマは「人類の進歩と調和」 カラーテレビ不買運動（定価と販売価格の二重価格） 日本消費者連盟がブリタニカ百科事典の訪問販売を告発	国民生活センターを設置 廃棄物処理法公布
1971年 (昭46)	再販売価格維持商品の不買運動 過剰包装追放運動広がる ネズミ講「天下一家の会」の被害が問題化 主婦連が、公正取引委員会の「果実飲料の表示に関する 　公正競争規約」認定に対し不服申立（ジュース訴訟） 日本有機農業研究会結成	環境庁を設置 農林省が農薬DDT、BHCの使用を禁止 預金保険法公布
1972年 (昭47)	沖縄が米国から日本に返還される 合成洗剤追放・粉石けん使用運動	割賦販売法改正（クーリング・オフを創設）
1973年 (昭48)	石油ショック（中東戦争をきっかけに産油国が原油価格 　を4倍に引上げ。トイレットペーパーや洗剤が不足し、 　灯油、砂糖などを便乗値上げ。消費者物価は年20%以 　上上昇し、狂乱物価と呼ばれる。ここで高度経済成長 　が終わる）	消費生活用製品安全法公布 生活2法（生活関連物資等の買占め売惜しみに 　対する緊急措置に関する法律、国民生活安定 　緊急措置法）公布 公正取引委員会が景品表示法の不当表示の類型 　として「無果汁の清涼飲料水の表示」を告示 国税庁が日本酒に食品添加物（保存料）のサリ 　チル酸の使用を禁止

西暦 (和暦)	社会の動き、消費者問題、消費者運動	消費者政策、立法の動き
1974年 (昭49)	主婦連と鶴岡生協が灯油訴訟を提訴（メーカーのヤミカルテルにより値上がりした灯油代の損失を賠償請求） コンビニエンスストアのセブンイレブン1号店が開店	神戸市民のくらしを守る条例公布 厚生省が食品添加物（防腐剤）AF2使用禁止
1975年 (昭50)	有吉佐和子『複合汚染』（農薬、食品添加物の危険性を主張）	東京都消費生活条例公布 国民生活センター消費生活相談員養成講座開始
1976年		訪問販売法（現在の特定商取引法）公布
1978年	第二次石油ショック（再び原油価格が高騰、物価が上昇）	無限連鎖講防止法（ネズミ講禁止法）公布
1979年 (昭54)	米国スリーマイル島原子力発電所で大事故	エネルギーの使用の合理化に関する法律（省エネ法）公布、医薬品副作用被害者救済基金法公布、琵琶湖富栄養化防止条例公布 クリーニング事故賠償基準制定
1980年 (昭55)	消費者関連専門家会議（ACAP）設立 日本産業協会が消費生活アドバイザー制度開始	国民生活センターの商品テスト、研修施設開所
1981年	日本消費者教育学会設立	
1983年 (昭58)		貸金業規制法公布（今の貸金業法） 厚生省が食品添加物の物質名表示を義務化 運輸省が標準旅行業約款を告示
1985年 (昭60)	豊田商事（金地金の預託商法）が破綻 日本電信電話公社を民営化しNTTが発足。新電電の設立相次ぐ。電話機販売の自由化で訪問販売の苦情多発 日本専売公社を民営化し日本たばこ産業（JT）が発足 日本航空ジャンボジェット機の墜落事故 国際連合が消費者保護ガイドライン制定	運輸省が標準宅配便約款を告示 市場開放のための行動計画（アクションプログラム）策定、規制緩和始まる
1986年 (昭61)	ウクライナのチェルノブイリ原子力発電所で大事故 男女雇用機会均等法公布	預託取引法公布、投資顧問業規制法公布 運輸省が標準引越運送・取扱約款を告示
1987年 (昭62)	日本国有鉄道を分割民営化し、JR7社が発足 NTTが携帯電話サービスを開始 塩素系漂白剤と酸性洗剤併用で塩素ガス発生、死亡事故	抵当証券業規制法公布 全国消費生活相談員協会（全相協）設立
1988年 (昭63)	この数年、株価、地価、資産価格が高騰するバブル経済の時代となる	日本消費生活アドバイザー・コンサルタント協会（NACS）設立
1989年 (平元)	消費税始まる（税率3％）、衛星テレビ放送始まる 消費者法ニュース発行会議が「消費者法ニュース」創刊 ベルリンの壁撤去、東西冷戦の終結（その後、東西ドイツは統一、ソビエト社会主義共和国連邦（ソ連）解体	前払式証票規制法（プリペイドカード法）公布 新・貨物自動車運送事業法公布
1990年 (平2)	バブル経済が崩壊（株価暴落、銀行の不動産融資規制） 国際消費者機構が名称をIOCUからCIに改称	消費者教育支援センターを設立 通商産業省が、消費者志向優良企業の表彰制度
1991年 (平3)	牛肉・オレンジの輸入自由化始まる NTTの情報料回収代行（ダイヤルQ2）の苦情多発	借地借家法公布。特定保健用食品（トクホ）と栄養機能食品の表示制度が始まる
1993年	GATTウルグアイラウンドでコメ輸入を部分的に解禁	環境基本法公布、不正競争防止法公布
1994年 (平6)		製造物責任法公布 食糧管理法を廃止、コメの販売自由化

西暦 (和暦)	社会の動き、消費者問題、消費者運動	消費者政策、立法の動き
1995年 (平7)	阪神・淡路大震災。ボランティアの活動広がる マイクロソフトがパソコン OS の Windows95 を発売、 　パソコンとインターネットの普及に弾み	容器包装リサイクル法公布 規制緩和推進計画を閣議決定 新・保険業法公布
1997年 (平9)	金融危機（山一証券、北海道拓殖銀行、日産生命等が 　破綻。以後、銀行、保険会社、カード会社の合併進む） 消費税を引き上げ（税率3％→5％）	京都で地球温暖化防止会議（COP3）を開催し 　温室効果ガス削減目標を採択（京都議定書） 介護保険法公布
1998年		特定非営利活動促進法（NPO 法）公布
1999年 (平11)	商工ローン問題（商工業者に高金利で貸付け、保証人と 　なった親戚等も含め、保証業者が脅迫的に取り立て る）	地方分権一括法公布（地方自治体の消費者行政 　は概ね自治事務となり国は交付金を打切り） 住宅品質確保法公布、情報公開法公布
2000年 (平12)	雪印乳業の低脂肪牛乳で食中毒事件 三菱自動車のリコール隠し発覚	消費者契約法公布、循環型社会形成基本法公布 金融商品販売法公布、成年後見制度始まる
2001年 (平13)	海外で流行していた牛海綿状脳症（BSE）が国内で発 　生（感染した牛肉を食べた人が発症する可能性がある ブロードバンド（ネット接続用の定額制高速回線）の普 　及が始まり、その一つ ADSL の勧誘の苦情が多発	中央省庁再編により、経済企画庁国民生活局は 　内閣府国民生活局となる 電子消費者契約法公布、プロバイダ責任制限法 　公布、高齢者住まい法公布
2002年 (平14)	ヤミ金融問題（違法な高金利で貸付け、強引に取立て）	BSE 対策特別措置法公布 栄養改善法を廃止し健康増進法を公布
2003年 (平15)	架空請求多発（契約した覚えがないのに、代金請求の郵 　便やメールが送りつけられる） 多重債務による自己破産件数が約24万件と過去最高 浴室のジェット噴流バス装置の事故で女児が死亡	食品安全基本法公布、食品安全委員会を設置 牛トレーサビリティ法公布 個人情報保護法公布 出会い系サイト規制法公布
2004年 (平16)	振り込め詐欺多発（家族を装い困ったことが起きた助け 　てくれと高齢者に電話をかけ、大金を振り込ませる） 六本木ヒルズの大型自動回転ドアにはさまれ死亡事故	消費者保護基本法を改正し消費者基本法に 証券取引法を改正し金融商品取引法に 公益通報者保護法公布、総合法律支援法公布
2005年 (平17)	松下電器の FF 式石油温風暖房機の一酸化炭素中毒事故 マンションの耐震強度の偽装事件 JR 西日本の福知山線で列車脱線衝突事故 愛知万国博覧会開催。テーマ「自然の叡智」	京都議定書が発効 携帯電話不正利用防止法公布 預貯金者保護法公布（偽造・盗難カードを用い 　た機械式不正預貯金払戻しから保護する）
2006年 (平18)	パロマ工業ガス湯沸器の一酸化炭素中毒事故が顕在化 シュレッダーの紙投入口に指が入り、幼児の指切断事故 集合住宅エレベーターの戸が開いたまま上昇し死亡事故	消費者契約法を改正し団体訴訟制度を導入 多重債務問題に対応した貸金業法等の改正 消費生活用製品安全法を改正し、重大製品事故 　の報告・公表制度を導入
2007年 (平19)	郵政民営化（郵便、貯金、簡易保険を各株式会社に） アップルが iPhone を発売、スマートフォン普及に弾み	振り込め詐欺救済法公布、犯罪収益移転防止法 　公布 消費生活用製品安全法を改正し、長期使用製品 　安全点検制度を導入
2008年 (平20)	世界金融危機（リーマンショック。米国でサブプライム 　ローンを債券化した金融商品等が暴落し、投資銀行の 　リーマン・ブラザーズが破綻。世界大不況が広がる） 日本消費者法学会設立 民事法研究会が「現代消費者法」を創刊	福田康夫首相が消費者行政の一元化を提唱し、 　消費者行政推進会議において消費者庁構想を 　まとめる 青少年インターネット環境整備法公布

西暦 (和暦)	社会の動き、消費者問題、消費者運動	消費者政策、立法の動き
2009年 (平21)	劇場型勧誘の被害多発（予めシナリオと配役を決めて消費者に接近し、混乱させて契約させ代金を詐取）	消費者庁と消費者委員会を設置 消費者安全法公布、資金決済法公布
2010年 (平22)	貴金属の訪問買い取りの被害多発	消費者相談の共通電話番号（消費者ホットライン。当時は10ケタ番号）始まる
2011年 (平23)	東日本大震災、福島第一原子力発電所の大事故 茶のしずくせっけんによる小麦アレルギー発生事故 預託商法の安愚楽牧場が破綻、被害額は豊田商事超え 無料コミュニケーションアプリ LINE がサービス開始	消費者庁が越境消費者センター（CCJ）を開設（日本の消費者と海外の事業者との間の苦情解決を支援）
2012年 (平24)	サクラサイト商法の被害拡大（出会い系や占いのサイトに雇われたサクラが延々と応対し高額な課金に誘導する）	消費者教育推進法公布（消費者市民社会提唱） 消費者安全法を改正し、消費者安全調査委員会（消費者事故調）を設置
2013年 (平25)	カネボウ化粧品の美白化粧品による白斑被害発生 外食メニューの食材の偽装表示が多数発覚 大手携帯電話会社から回線を借用する格安スマホが普及	食品表示法公布 消費者裁判手続特例法公布 マイナンバー法公布
2014年 (平26)	消費税を引き上げ（税率５％→８％） ベネッセの顧客情報の不正持ち出し転売事件	景品表示法改正、課徴金制度を導入 薬事法改正、医薬品医療機器等法（薬機法）に
2015年 (平27)	国際連合が持続可能な開発目標（ＳＤＧｓ）を採択 光回線の光卸し勧誘の苦情多発（NTT 東日本・西日本のフレッツ光回線を他の会社（光コラボ業者）が一括借用し、小分けして顧客に又貸しするサービス）	倫理的消費（エシカル消費）調査研究会始まる 機能性表示食品制度始まる 消費者相談の共通電話番号（消費者ホットライン）を３ケタ化、「188」に
2016年 (平28)	電力小売りの全面自由化 通信販売で、健康食品等を安価なお試しと錯覚させて複数高額な購入契約をさせ、支払いを迫る被害が増加	家庭用品品質表示法に基づく衣類等の洗濯表示を国際規格に合うものに変更、国内外統一 民法改正（債権法分野、2020年施行） 個人情報保護委員会を設置し監督官庁を一元化 国家資格「消費生活相談員」試験開始
2017年	都市ガス小売りの全面自由化	住宅宿泊事業法公布
2018年 (平30)	仮想通貨交換業者から顧客の財産が大量に詐取される 預託商法とマルチ商法のジャパンライフが破綻 フリマアプリを利用した個人間の売買が広まる	民法改正（相続法分野は2019年から順次施行、成年年齢18歳引き下げは2022年施行） チケット不正転売禁止法公布
2019年 (令元)	消費税を引き上げ（８％→10％、食品と新聞は軽減税率８％に据え置き） サブスクリプション（一定期間定額制サービス）広がる	食品ロス削減推進法公布 Ｇ20大阪サミットで、デジタルプラットフォームのルール作り促進を合意
2020年 (令2)	新型コロナウイルス流行。マスク、消毒用品、うがい薬が供給不足。トイレットペーパー不足のデマ再び。 三密回避、外出、会食、営業の自粛を要請、渡航禁止	国民生活安定緊急措置法を発動し、衛生マスクと消毒用アルコールの転売を禁止 レジ袋を有料化

【巻末資料④】マーク一覧

①国際フェアトレード認証ラベル 国際フェアトレードラベル機構が設定した、社会的、環境的、経済的な国際フェアトレード基準を満たした製品であることを示す。

②FSC 森林認証マーク 森林管理協議会（FSC）の「責任ある森林管理」の原則に沿って、適切に手入れや伐採がされた森林資源を使用した製品であることを示す。例：コピー用紙、鉛筆。

③MSC 認証マーク 海洋管理協議会（MSC）の漁業認証規格に適合し、海洋の自然環境や水産資源を守って、持続可能で適切に管理された漁業で獲られた水産物であることを示す。

④RSPO 認証マーク パーム油の原料であるアブラヤシ農園の拡大による森林破壊を防ぐため、持続可能なパーム油のための円卓会議（RSPO）による原則と基準を守った生産や流通がなされた製品であることを示す。

⑤一般 JAS マーク 日本農林規格等に関する法律（JAS法）に基づき、日本農林規格に適合した品質であることを示す。特級、上級、標準に区分されているものもある。JAS は、Japanese Agricultural Standards（日本農林規格）の頭文字。例：カップめん、しょうゆ、果実飲料など。

⑥有機 JAS マーク 一定の化学肥料や農薬を2年以上使っていない農地で、遺伝子組換え技術を使わないという有機 JAS 規格に適合した食品を示す。これ以外の食品には「有機」と表示できない。例：有機農産物、有機畜産物。

⑦特色 JAS マーク 付加価値が高い、こだわり、優れた品質など特色 JAS 規格に適合したことを示す。例：熟成ハム、地鶏肉、手延べそうめん、生産情報を公表した牛肉、豚肉、養殖魚、定温管理食品。

⑧特定保健用食品マーク 食品表示法に基づき、消費者庁長官の審査と許可を受けて、おなかの調子を整えるなど、特定の保健の用途に適する旨を表示できる食品であることを示す。

⑨特別用途食品マーク 健康増進法に基づき、消費者庁長官の審査と許可を受けて、乳児、幼児の発育、妊産婦、病者の健康の保持・回復などに適する旨を表示できる食品であることを示す。

⑩地理的表示マーク 地理的表示法に基づき、産地名の評価を保護するため農林水産省に登録をした食品を示す。例：但馬牛、神戸ビーフ、三輪素麺、八丁味噌、夕張メロン、東根さくらんぼ、越前がに、下関ふくなど。

⑪ウールマーク ザ・ウールマーク・カンパニーが定めた品質基準（新毛を使う、強度や染色堅牢度、事業者ライセンスなど）を満たした羊毛製品であることを示す。

⑫SEK マーク 繊維評価技術協議会が定めた、抗菌防臭加工、抗かび加工、抗ウイルス加工などの品質基準（効果、安全性、洗濯耐久性など）を満たした繊維製品を示す。SEK は、清潔(S)、衛生(E)、快適(K)から。

⑬S マーク 理容、美容、クリーニング、飲食店において、生活衛生関係営業の運営の適正化及び振興に関する法律に基づき、全国生活衛生営業指導センターが定めた標準営業約款による営業を行う店舗を示す。設備やサービスの基準に適合し、事故発生の場合に備える賠償責任保険の加入を義務づけ。S は、安全（Safety）・清潔（Sanitation）・標準的サービス（Standard）から。

⑭LD マーク 各都道府県のクリーニング生活衛生同業組合の加盟店を示す。クリーニング事故賠償基準が適用される。LD は、ランドリー・ドライクリーニングの頭文字。

⑮JIS マーク 産業標準化法に基づき、日本産業規格に適合した製品またはサービスであることを示す。JIS は、Japanese Industrial Standards（日本産業規格）の頭文字。

⑯PSC マーク 消費生活用製品安全法に基づき、特別特定製品の安全基準に適合した製品を示す（左）。特定製品の安全基準に適合した製品を示す（右）。PSC は、Product Safety of Consumer Products（消費生活用製品の安全）の頭文字。

⑰PSE マーク 電気用品安全法に基づき、特定電気用品の安全基準に適合した製品を示す（左）。電気用品の安全基準に適合した製品を示す（右）。PSE は、Product Safety Electrical Appliances & Materials（電気器具の安全）の頭文字。

⑱PSTG マーク ガス事業法に基づき、特定ガス用品の安全基準に適合した製品を示す（左）。ガス用品の安全基準に適合した製品を示す（右）。PSTG は、Product Safety of Town Gas Equipment and Appliances（都市ガス機器の安全）の頭文字。

⑲PSLPG マーク 液石法に基づき、特定液化石油ガス器具等の安全基準に適合した製品を示す（左）。液化石油ガス器具等の安全基準に適合した製品を示す（右）。PSLPG は、Product Safety of Liquefied Petroleum Gas Equipment and Appliances（LP ガス機器の安全）の頭文字。

⑳SG マーク 製品安全協会が定めた SG 基準（製品の安全性、使用上の注意表示を含む安全基準）に適合している製品を示す。同協会が生産物賠償責任保険に加入しており、SG マーク付き製品の欠陥による事故の賠償金が支払われる。SG は、Safe Goods（安全な製品）の頭文字。

㉑ST マーク 日本玩具協会が定めた玩具安全基準（ST 基準）に適合しているおもちゃを示す。メーカーに同協会の賠償責任補償共済制度の加入を義務づけ、ST マーク付き玩具の欠陥による事故の共済金が支払われる。ST は、Safety Toy（安全な玩具）の頭文字。

㉒SF マーク

日本煙火協会が行う安全検査に合格したおもちゃ花火であることを示す。同協会が生産物賠償責任保険に加入しており、SF マーク付き花火の欠陥による事故の賠償金が支払われる。SF は、Safety Fireworks（安全な花火）の頭文字。

㉓BL マーク

ベターリビングが定めた認定基準（機能、安全性、耐久性など）に適合した優良住宅部品を示す。同協会が保証責任・賠償責任の損害保険に加入しており、BL マーク付き住宅部品の品質不良または事故の賠償金が支払われる。BL は、Better Living（よりよい住まいを）の頭文字。

㉔BAA マーク

自転車協会が定めた自転車安全基準に適合した自転車であることを示す。メーカー等に生産物賠償責任保険に加入することを義務づけ、BAA マーク付き自転車の欠陥による事故の賠償金が支払われる。BAA は、Bicycle Association Approved（自転車協会公認）の頭文字。

㉕JADMA マーク

日本通信販売協会の入会審査を通り、正会員となった事業者であることを示す。JADMA は、Japan Direct Marketing Association（日本通信販売協会）の頭文字。

㉖プライバシーマーク

日本情報経済社会推進協会が、JIS 規格「JISQ15001個人情報保護マネジメントシステム」に適合したと認めた事業者を示す。

㉗エコマーク

日本環境協会が、生産から廃棄に至る過程を通して環境への負荷が少なく、環境保全に役立つと認めた商品であることを示す。

㉘グリーンマーク

古紙再生促進センターが、紙の原料として古紙を利用する基準（原則は40％、トイレットペーパーは100％、コピー用紙は50％）に適合した製品を示す。

㉙再生紙使用マーク

ごみ減量化推進国民会議（現在の3R活動推進フォーラム）が提唱した、再生紙の古紙配合率（数字は％）を示すマーク。マークを使用する者が自主的に表示する。

㉚省エネルギーマーク

省エネ法に定められた省エネルギー基準を達成した電気製品に緑色のマークを、達成していない製品にだいだい色のマークを表示する。達成率の算出方法と表示方法は JIS 規格に基づきメーカーが自主的に表示する。

㉛リサイクルマーク

資源有効利用促進法に基づき、分別回収を容易にするために容器の素材を示す識別マーク。メーカー等に表示を義務づけ。例として、以下のものがある。

ⓐ プラスチック製

ⓑ紙製

ⓒペットボトル

ⓓスチール缶

ⓔアルミ缶

ⓕ段ボール

ⓖ紙パック （アルミ不使用に限る）

119

執筆者一覧（執筆順）

丸山千賀子　金城学院大学生活環境学部教授
　　　　　　（1、2、3、4、5を担当）

松原　由加　公益財団法人関西消費者協会、武庫川女子大学非常勤講師
　　　　　　消費生活アドバイザー、消費生活専門相談員
　　　　　　（6、7、8、9、10、11、12、30（小項目2まで）を担当）

川口美智子　消費生活アドバイザー、繊維製品品質管理士
　　　　　　（13、14、15を担当）

圓山　茂夫　明治学院大学法学部教授
（編者）　　（16、19、20、21、22、23、24、26（小項目5）、30（小項目3から）、巻末資料を担当）

穴井美穂子　消費生活アドバイザー
　　　　　　（17、18を担当）

白﨑夕起子　公益財団法人関西消費者協会
　　　　　　消費生活アドバイザー、消費生活相談員
　　　　　　（25、26（小項目4まで）、27、28、29を担当）

井上　博子　同志社女子大学嘱託講師、帝塚山大学非常勤講師、神戸松蔭女子学院大学非常勤講師
　　　　　　（31、32、33、34、35を担当）

実践的　消費者読本〔第6版〕── Support Your Life ──

1999年 3 月10日　初版第 1 刷発行
2001年 3 月30日　第 2 版第 1 刷発行
2003年11月19日　第 3 版第 1 刷発行
2005年 5 月17日　第 4 版第 1 刷発行
2012年 3 月27日　第 5 版第 1 刷発行
2021年 2 月16日　第 6 版第 1 刷発行

定価　本体1,300円＋税

編著者　圓山　茂夫
発　行　株式会社　民事法研究会
印　刷　株式会社　太平印刷社

発行所　株式会社　民事法研究会
〒150-0013　東京都渋谷区恵比寿 3-7-16
〔営業〕　TEL 03(5798)7257　FAX 03(5798)7258
〔編集〕　TEL 03(5798)7277　FAX 03(5798)7278
http://www.minjiho.com/　info@minjiho.com

落丁・乱丁はおとりかえします。　ISBN978-4-86556-418-1 C2037 ￥1300E
カバーデザイン　袴田峯男

■平成30年までの法令等の改正と最新の判例や実務の動向を収録して大幅改訂！

詳解 特定商取引法の理論と実務〔第4版〕

圓山 茂夫 著

A5判・764頁・定価 本体7,000円＋税

▷▷▷▷▷▷▷▷▷▷▷▷▷▷▷ 本書の特色と狙い ◁◁◁◁◁◁◁◁◁◁◁◁◁◁◁

▶第4版は、法執行の強化等を目的とした平成28年改正法(平成29年12月1日施行)を収録し、最新の判例・情報、多様なトラブル事例と理論・実務を有機的に関連づけつつ、実務の現場で活用いただけるよう具体的・実践的に詳解し大幅改訂！

▶複雑かつ技術的で理解しにくく、一方で脱法的な解釈が行われやすい特定商取引法の条文について、消費者・事業者の双方が法の内容をわかりやすく正しく理解できるよう解説した好個の書！

▶民法・商法等の基本法令や、消費者契約法・割賦販売法等の関連法令にも言及しつつ、一体として詳解した関係者必携の書！

▶本書の主な読者対象である弁護士・司法書士・行政機関および司法関係の専門家の方々に、日常的にどのような紛争が発生しているか知っていただくよう、できるだけ多くの具体的事例を収録しつつ解決策を明示！

▶消費者や事業者の方々、消費生活相談や消費者教育の現場でご活用いただけるよう、法の趣旨・解釈について詳細に理解できるよう図表を多用してできるだけ平易な表現で解説した待望の書！

❖❖❖❖❖❖❖❖❖❖❖❖❖❖❖ 本書の主要内容 ❖❖❖❖❖❖❖❖❖❖❖❖❖❖❖

第1章	特定商取引法の立法・改正の経緯	第7章	業務提供誘引販売取引
第2章	訪問販売	第8章	訪問購入
第3章	通信販売	第9章	ネガティブ・オプション
第4章	電話勧誘販売	第10章	消費者団体訴訟
第5章	連鎖販売取引	第11章	特定商取引法の執行
第6章	特定継続的役務提供		

発行 民事法研究会

〒150-0013 東京都渋谷区恵比寿3-7-16
(営業) TEL. 03-5798-7257　FAX. 03-5798-7258
http://www.minjiho.com/　info@minjiho.com

▶消費者行政50年の歴史とともに歩んだ著者の証言！

消費者事件 歴史の証言
―消費者主権へのあゆみ―

<話し手> 及川昭伍（元国民生活センター理事長）
<聞き手> 田口義明（名古屋経済大学教授）

Ａ５判・186頁・定価　本体1,500円＋税

▷▷▷▷▷▷▷▷▷▷▷▷▷▷▷▷▷▷ **本書の特色と狙い** ◁◁◁◁◁◁◁◁◁◁◁◁◁◁◁◁◁◁

▶経済企画庁国民生活局長、国民生活審議会委員などを務め、消費者行政の創造・発展を経験してきた著者が、対談形式で、消費者行政の進展や消費者法の制定の経緯、消費者行政の動きなどについて語るオーラルヒストリー！

▶かつて「保護」されるだけの存在だった消費者が、物不足騒ぎや森永ヒ素ミルク事件、豊田商事事件などを経験しながら、産業界・産業官庁による強硬な反対論などを乗り越え、製造物責任法、消費者契約法、消費者基本法の成立等によって、「権利」を獲得するまでの闘いを語る！　現代の消費者法制の重みを実感できる１冊！

❖❖❖❖❖❖❖❖❖❖❖❖❖ **本書の主要内容** ❖❖❖❖❖❖❖❖❖❖❖❖❖

発行 ⓂⒺ 民事法研究会

〒150-0013　東京都渋谷区恵比寿3-7-16
（営業）TEL. 03-5798-7257　FAX. 03-5798-7258
http://www.minjiho.com/　info@minjiho.com

■実際の事件をもとに消費者法の考え方を学ぶ！■

判例から学ぶ消費者法〔第3版〕

島川　勝・坂東俊矢　編

A5判・312頁・定価　本体2,800円＋税

▷▷▷▷▷▷▷▷▷▷▷▷▷▷▷ **本書の特色と狙い** ◁◁◁◁◁◁◁◁◁◁◁◁◁◁◁

▶著名な消費者事件に関する裁判例を取り上げ、その判決に至った事実、与えた影響、今後の課題等について解説し、消費者法とは何かを説き起こす！

▶「約款と民法、消費者法」、「集団的消費者被害回復制度」について新たに章を設け、民法（債権関係）、消費者契約法、特定商取引法、割賦販売法等の改正、消費者裁判手続特例法の立法から最新の重要判例までを織り込んで、6年ぶりに改訂！

▶消費者法実務に深く携わる実務家と消費者法の研究者が、日々進化する消費者法の分野を実践面・理論面で十分にフォローし、消費者問題の全体像と本質が見えてくる！

▶消費者法を学ぶ学生はもとより、消費者相談にあたる消費生活センター関係者、消費者事件を担当している弁護士・司法書士等の実務家にも必携となる1冊！

◈◈◈◈◈◈◈◈◈◈◈◈◈ **本書の主要内容** ◈◈◈◈◈◈◈◈◈◈◈◈◈

第1章　消費者問題総論
第2章　民法と消費者法
第3章　消費者契約法（1）
　　　　──不当勧誘規制
第4章　消費者契約法（2）
　　　　──不当条項規制
第5章　消費者団体訴訟制度
第6章　集団的消費者被害回復制度
第7章　約款と民法、消費者法
第8章　特定商取引法（1）
　　　　──訪問販売、クーリング・オフ
第9章　特定商取引法（2）
　　　　──継続的役務
第10章　特定商取引法（3）
　　　　──マルチ商法とネズミ講

第11章　割賦販売法（1）
　　　　──平成20年改正法とクレジット取引
第12章　割賦販売法（2）
　　　　──クレジットカードの不正使用
第13章　多重債務と消費者
第14章　金融商品取引と消費者
第15章　保険と消費者
第16章　製造物責任と消費者
第17章　欠陥住宅と消費者
第18章　独占禁止法・景品表示法と消費者
第19章　情報化社会と消費者
第20章　宗教被害と消費者
第21章　医療サービスと消費者

発行　民事法研究会

〒150-0013　東京都渋谷区恵比寿3-7-16
（営業）TEL. 03-5798-7257　FAX. 03-5798-7258
http://www.minjiho.com/　info@minjiho.com